Margaret Heckel

Die Midlife-Boomer

Margaret Heckel

Die Midlife-Boomer

Warum es nie spannender war,
älter zu werden

Bibliografische Information der Deutschen Nationalbibliothek

Die Deutsche Nationalbibliothek verzeichnet diese Publikation
in der Deutschen Nationalbibliografie; detaillierte bibliografische
Daten sind im Internet über http://dnb.d-nb.de abrufbar.

© edition Körber-Stiftung, Hamburg 2012
Umschlag: Groothuis, Lohfert, Consorten | glcons.de
Coverfoto: Getty Images / Ralf Nau
Herstellung: Das Herstellungsbüro, Hamburg |
buch-herstellungsbuero.de
Druck und Bindung: CPI – Clausen & Bosse, Leck
Printed in Germany

ISBN 978-3-89684-091-2

www.edition-koerber-stiftung.de

Für Klara, Karl und Paul, Niklas und Felix, Tim und Ben,
Samuel und Nikita – unsere Nichte, Neffen und Patenkinder,
die (fast schon) im 21. Jahrhundert geboren sind.
Mögen sie ihren 100. Geburtstag glücklich und gesund erreichen –
und dabei ein Leben führen, das Arbeit und Ruhephasen
in den für sie optimalen Kombinationen ermöglicht.

Inhalt

Der 50. – Warum gerade dieser Geburtstag
so besonders ist   9

Länger leben, besser leben – Wie Midlife-Boomer
das Altern neu erfinden   29

Das Alter entschlüsseln – Faszinierende Erkenntnisse
aus der Forschung   42

Glücklichsein – Das Beste kommt noch, verspricht
uns die Forschung   58

Neues Lernen – Warum das Gehirn unser bester
Helfer ist   70

Noch mal was anderes machen – Wie man eine neue
Karriere beginnt und damit zum Trendsetter wird   81

Gerne arbeiten – Der Jobmarkt der Zukunft wird sich
an den Erfahrenen orientieren   107

Schöner wohnen – Endlich den eigenen Bedürfnissen
folgen   128

Städte im Wandel – Wie sich Kommunen auf den
demografischen Wandel einstellen   152

Es ist meine Zukunft – Warum es nie spannender war,
älter zu werden   176

Anmerkungen   203
Literatur   216

Der 50. – Warum gerade dieser Geburtstag so besonders ist

Wenn alles gut geht, wird der Großvater meines Mannes in diesem August 100 Jahre alt. Eine seiner Lieblingsbeschäftigungen ist es, Süßigkeiten für seine Urenkel und deren Freunde einzukaufen. Seit langem nämlich klingelt es um die Mittagszeit an seiner Tür – und oft steht eine ganze Schar Kinder davor.

Sie sind auf dem Weg von der Schule nach Hause und wissen, dass es beim Uropa immer etwas abzustauben gibt. Als Erster hat das mein Neffe Paul vor einem knappen Jahrzehnt herausgefunden, als er in die Grundschule kam. Danach kam seine Schwester Klara mit ihren Freundinnen vorbei. Und nun besucht ihn ab und zu der kleine Karl auf dem Weg vom Kindergarten nach Hause.

Während ihr Uropa mit seinem hohen Alter und seiner guten Gesundheit eine Ausnahmeerscheinung ist, haben seine Urenkel eine über 50-prozentige Chance, die nächste Jahrhundertwende und damit das Jahr 2100 frisch und munter zu erleben.

Was die Urenkel mit dieser ungeheuren Lebensspanne aber anfangen – ob sie sie genießen oder verfluchen werden –, das liegt in entscheidendem Maß an der Generation ihrer Eltern.

Die von Paul, Klara und Karl gehören der zahlenmäßig stärksten Dekade an, die derzeit in Deutschland lebt: die der 40- bis 50-Jährigen. 13,7 Millionen Männer und Frauen umfasst diese Gruppe, jeder Sechste in diesem Land gehört dazu.[1] Unter ihnen wiederum am zahlreichsten ist der Jahrgang 1964. Niemals zuvor – und niemals danach – wurden in Deutschland so viele Kinder geboren wie damals mitten im Boom der Wirtschaftswunderjahre.

Wenn sie demnächst 50 werden, steht ihnen der womöglich wichtigste Geburtstag ihres Lebens bevor.

Der 50. Geburtstag: War das nicht die Riesensause, auf die Eltern jahrelang sparten? Unmengen von Präsentkörben, in denen mit Eichenlaub umkränzte goldene Pappen steckten? Der angebliche Höhepunkt des Lebens?

Wer heute 50 wird, fährt entweder gleich weg, um den Geburtstagsgästen zu entfliehen – oder lässt es allenfalls betont lässig krachen. Denn die goldenen Pappzahlen mit Eichenlaub haben Fatales hinterlassen: den Eindruck, dass es ab 50 bergab geht. Mit dem Leben. Mit der Karriere. Mit der Gesundheit. Mit dem Glück.

Das aber ist ein Trugschluss, wie unzählige neue Studien zeigen. Ganz im Gegenteil deuten sie darauf hin, dass die Menschen ab 50 glücklicher und zufriedener werden. 340 000 Amerikaner zwischen 18 und 85 Jahren beispielsweise wurden in der bislang größten Studie über ihre Gefühle befragt. Der Psychologe und Studienautor Arthur Stone stellte verblüfft fest, dass das allgemeine Wohlbefinden der Befragten ab 30 bis Mitte 40 kontinuierlich abnahm, um dann wieder anzusteigen.

Die Glückskurve stellte sich als »U«-Form heraus, mit einem statistischen Tiefpunkt im Alter von 46. Stone zog daraus die Konsequenz, einen »U-Turn of Life« zu formulieren, die Kehrtwende zum Besseren. Denn die Lebenszufriedenheit ist im Alter noch weit höher als in der Phase der frühen Erwachsenenzeit.

Diese Kehrtwende wurde seitdem in vielen Studien bestätigt und erweist sich als ein globales Phänomen. »Wir gehen immer sicherer durchs Leben, werden weiser und fühlen uns besser«, schlussfolgert der Psychologe Peter Ubel[2].

Hinzu kommt gerade in Deutschland der demografische Wandel. Für Menschen um die 50 eröffnet sich die beste aller Welten. Durch den sich in Zukunft kontinuierlich verschärfenden Facharbeitermangel werden sie auf dem Arbeitsmarkt immer gefragter. Wer als Firma attraktiv sein will, muss in Zukunft flexible Arbeitszeitmodelle anbieten, die dem einzelnen Arbeitnehmer weit mehr individuelle Gestaltungsmöglichkeiten als früher einräumen.

Kein Bereich der Personalpolitik wird sich so stark ändern wie der Umgang mit älteren Mitarbeitern. Schon in wenigen Jahren wird es keine Frage mehr sein, dass

Arbeitnehmer bis weit ins sechste Lebensjahrzehnt geschult und fortgebildet werden. Altersgemischte Teams werden normal sein.

In den Fabriken werden die Arbeitsabläufe, Fließbänder und Maschinen so optimiert sein, dass die Mitarbeiter so körperschonend wie nie zuvor arbeiten können – egal, ob sie alt oder jung sind. Es wird noch immer Bereiche harter körperlicher Arbeit geben, doch die Unternehmen werden sie schon aus Eigeninteresse so weit wie nur irgend möglich reduzieren.

Der immer wieder heraufbeschworene Dachdecker wird ganz selbstverständlich nach seinem 50. Geburtstag in andere Tätigkeiten hineinwachsen – egal, ob in die Büroarbeit, in die Beratung von Kunden oder die Ausbildung anderer Mitarbeiter. Auch wenn er nicht mehr auf dem Dach steht, wird er im Arbeitsleben bis an die Schwelle des 70. Geburtstages gebraucht werden.

Dieses »Gebrauchtwerden« ist ein Paradigmenwechsel, dessen Bedeutung man kaum überschätzen kann. Er löst ein Vierteljahrhundert ab, in dem der ältere Arbeitnehmer in der Politik, der Wirtschaft und den Medien als ersetzbar, nicht belastbar und verbraucht beschrieben wurde. Diese Abwertung menschlicher Leistungsfähigkeit ist noch weit schlimmer als die immens hohen Kosten, die uns die fatale Frühverrentungspolitik seit Ende der 1980er Jahre beschert hat.

Wie meist bei gesellschaftlichen Veränderungen wird es auch dieses Mal noch dauern, bis sich diese Erkenntnis durchsetzt. Ein gutes Beispiel ist die Lehrstellenknappheit: Hier hat sich der Markt bereits gedreht, doch das ist im gesellschaftlichen Bewusstsein noch nicht angekommen.

Im statistischen Durchschnitt gab es erstmals im Jahr 2011 einen bundesweiten Lehrstellenüberschuss. Nun werden Auszubildende händeringend gesucht – und der Mangel an ihnen wird sich von Jahr zu Jahr verschärfen. Damit einher gehen die Bemühungen der Arbeitgeber, jeden, aber auch wirklich jeden Jugendlichen für die angebotenen Stellen in Betracht zu ziehen und im Zweifel aufwendig nachzuschulen. Auch wenn jeder Geschichten von langer, vergeblicher Lehrstellensuche kennt: Inzwischen könnten die Bedingungen für Jugendliche kaum besser sein, genau den Ausbildungsplatz zu bekommen, den sie sich immer erträumt haben.

Noch gibt es nur wenige Unternehmen, die offensiv Angebote für ihre älter werdende Belegschaft machen. Noch seltener gibt es Vordenker, die ganz konsequente Schlüsse aus der weit längeren Lebensspanne des Menschen ziehen.

Eine davon ist Laura L. Carstensen, die Leiterin des *Center on Longevity* (Zentrum für langes Leben) der Stanford University in Kalifornien. »Wir sollten unsere Leben so planen, dass die Menschen mit 50 noch einmal aufbrechen. Sehen Sie es als ein ›50:50-Modell‹«, schreibt sie in ihrem Buch *A Long Bright Future*. Die ersten 50 Jahre eigneten wir uns »eine Fülle an Wissen und sozialem Know-how an, um es die nächsten 50 Jahre an unsere Umgebung und die Gesellschaft zurückzugeben«.[3]

Für die Psychologin ist das »eine radikale Abwendung von dem alten Lebensplan, der alles nach 50 als Abstieg und Niedergang sieht«. Sie plädiert leidenschaftlich für ein neues Modell der Lebensspannen: »In diesem neuen Skript wird es ab 50 erst richtig interessant, und man kommt in eine Phase, in der man wirklich etwas beitragen kann, sei es in der Familie, bei der Arbeit oder in der Gesellschaft.«[4]

Dafür aber brauchen wir ein radikal neues Bild vom Altern – und ein neues Drehbuch für unser Leben. »Als Gesellschaft haben wir keine Vorstellung davon, wie sich ein glücklicher, gesunder Hundertjähriger fühlt. Niemand hat ein Konzept dafür, was es bedeutet, wenn sich die Zeit des Ruhestandes über 40 Jahre hinzieht«, argumentiert die Endfünfzigerin. Lebensabschnitte sind für sie »soziale Konstrukte, keine absoluten Realitäten«.[5]

Die Geschichte des langen Lebens muss nun geschrieben werden. Das Phänomen der zusätzlichen Jahre ist kaum ein Jahrhundert alt – und unsere Kultur noch nicht in der Lage, es ausreichend zu beschreiben.

Wir brauchen eine »neue Landkarte des Lebens«, meint die Anthropologin Mary Catherine Bateson. Sie zu füllen könnte ganz analog zur Erfindung der Adoleszenz vor über hundert Jahren geschehen: Bis weit in die Mitte des 19. Jahrhunderts wurden Kinder als »Mini-Erwachsene« wahrgenommen. Sobald sie arbeiten konnten, waren sie keine Kinder mehr, sondern Erwachsene.

Erst in der zweiten Hälfte des 19. Jahrhunderts begann sich – um es ganz verkürzt zu beschreiben – die Erkenntnis durchzusetzen, dass sich mit den Jahren des Lernens und der Ausbildung etwas Neues in diese Abfolge schob: die Adoleszenz, eine Phase des Erwachsenwerdens, die gut eine Dekade umfassen konnte und heute auch umfasst.

Der Psychologe und Gründer der *American Psychological Association,* Granville Stanley Hall, war der Erste, der diese Phase auch im soziologischen Sinn erforscht hat. Sein 1904 veröffentlichtes Buch *Adoleszenz* beschreibt die Zeit zwischen Kindheit und Erwachsensein. Der britische Kulturwissenschaftler Jon Savage[6] kommentiert Halls Leistung so: »Hall ist nicht weniger und nicht mehr gelungen, als eine neue, generell akzeptierte Lebensphase zu schaffen, die die Abhängigkeit verlängert und den Eintritt ins Arbeitsleben verzögert.«

Dennoch sollte es vierzig Jahre dauern, bis Halls bahnbrechende Ideen und seine Wortschöpfung Eingang ins allgemeine Sprachgut fanden. Erst 1941 taucht das Wort »adoleszent« in einem Artikel in *Popular Science* auf, schreibt Marc Freedman[7]. Es dauerte weitere drei Jahre, bis sich der Begriff wirklich durchgesetzt hatte: Dann ist er 1944 im Jugendmagazin *Seventeen* (Siebzehn) zu lesen.

Fast ein halbes Jahrhundert verging also, bis sich für die beobachtete Veränderung der bekannten Lebensphasen ein eigener Ausdruck in der Sprache etabliert hatte. Dann ging es rasant, erklärt der Historiker Thomas Hine[8]: Die Adoleszenz und mit ihr der Begriff des *Teenagers* wurden Teil des »Kreislaufes, der mit der Geburt beginnt und dem Tod aufhört. Nichts scheint realer zu sein und unveränderbarer.«

So kommt die Harvard-Geschichtswissenschaftlerin Jill Lepore[9] zum Schluss, dass Lebensphasen von Menschen erdacht werden: »Die Adoleszenz ist eine nützliche Einrichtung, die mittlere Lebensphase ein sich verändernder Zielkorridor, ältere Mitbürger sind eine Interessengruppe und Twens schlicht und einfach eine Erfindung.« Wir brauchen diese sozialen Konstrukte, um der verwirrenden Welt um uns herum Sinn zu geben. Aber wir müssen uns darüber im Klaren sein, dass sie sich mit den Zeitläuften verändern.

Peter Laslett[10] hat schon 1989 vier Lebensphasen beschrieben: Als erste die der Kindheit und Jugend, danach das Erwachsensein und die berufliche Karriere und am Schluss das erneute Abhängigsein im hohen Alter und der kommende Tod. Dazwischen aber gebe es eine neue Phase zwischen dem Ende der elterlichen Pflichten sowie dem vermeintlichen Höhepunkt der beruflichen Karriere und dem Einsetzen der letzten Phase.

Laslett nennt diese neue Phase das »Dritte Alter«. »Es ist eine Zeit, wo Individuen sich von den praktischen Notwendigkeiten der mittleren Jahre befreien können und noch Jahrzehnte vom hohen Alter entfernt sind. Es ist eine Gelegenheit für neue Entdeckungen, für Lernen und persönliches Wachstum, für vielleicht die wichtigsten Beiträge zu seinem eigenen Leben.«

Eine »Gelegenheit für neue Entdeckungen, für Lernen und persönliches Wachstum«: Noch gibt es für das, was im englischen Sprachraum *Middle Ages*, *Life-Take2*, *Encore Stage*, *Middlesecence* genannt wird, keinen deutschen Begriff.

Und doch gibt es schon weit mehr als nur zaghafte Versuche, diese Phase mit kreativen Ideen für ein längeres Leben zu füllen. Arbeiten, Wohnen, Leben, Freizeit: Überall in Deutschland und in vielen Regionen der Welt haben sich Trendsetter, Kreative, Unerschrockene und Innovative aufgemacht, diese Landkarte des langen Lebens zu beschreiben. Sie sind dabei, das Alter neu zu entdecken und neu zu definieren.

Ich nenne sie die *Midlife-Boomer*: Menschen im besten Alter, die neue Wege erkunden. Eine zahlenmäßig starke und gut ausgebildete Generation um die 50, deren Erfahrungen und Qualitäten auch morgen gefragt sein werden. Viele davon habe ich während einer vierwöchigen Demografie-Reise[11] quer durch Deutschland im Sommer 2011 kennengelernt. Ich war auf der Suche nach Lösungen für die alternde Gesellschaft – und habe viel mehr gefunden, als allgemein bekannt ist.

Diese Pioniere, ihre Ideen und Projekte vorzustellen und in einen weltweiten Kontext der demografischen Veränderungen zu stellen ist eines der Ziele des vorliegenden Buches. Ich möchte Mut machen für die anstehenden Veränderungen, denn ich glaube, dass sie eine riesengroße Chance für uns alle sind. Werden die politischen, wirtschaftlichen und gesellschaftlichen Rahmenbedingungen richtig gesetzt, wird Deutschland von der

Entwicklung zum langen Leben immens profitieren – weil seine Bürger länger besser leben und weil neue Märkte und zukunftsfähige Dienstleistungen entstehen, die weltweit exportiert werden können.

Die Alterung ist kein Schicksal, sondern eine faszinierende Möglichkeit, die gewonnenen Jahre sinnvoll und für jeden Einzelnen und die Gemeinschaft gewinnbringend zu gestalten. Das kann im privaten Bereich sein, auf Nachbarschaftsebene, in der Kommune und natürlich auch in der »großen Politik« auf Landes- und Bundesebene.

Nicht nur Europa, auch die Schwellenländer altern. Schon im Jahr 2026 wird sich in China der Anteil der über 65-Jährigen von 7 auf 14 Prozent verdoppelt haben. In Brasilien ist es im Jahr 2032 so weit, in Singapur schon 2019. Für das Jahr 2069 prognostiziert die UNO für China als erstem Land der Erde die stolze Zahl von einer Million Hundertjähriger[12]. Wie Midlife-Boomer das Alter neu erfinden, ist deshalb Inhalt des *nächsten Kapitels*.

Wie uns die Forschung das lange Leben erklärt und was in den Laboren momentan erkundet wird, finden Sie im *3. Kapitel*. Es ist faszinierend, wie die Forscher immer mehr Puzzleteile zusammentragen, um die Zellalterung zu verstehen. Und es stimmt außerordentlich hoffnungsfroh, was sie uns schon für die nähere Zukunft versprechen.

Warum Midlife-Boomer glücklicher als die meiste Zeit zuvor in ihrem Leben sind, beschreibt *Kapitel 4*. Denn anders als gemeinhin angenommen, sind eben nicht die Jungen die Glücklicheren. Keine Altersgruppe ist so gestresst und unglücklich wie die der 20- bis 30-Jährigen – wahrscheinlich gerade weil sie so viele Wahlmöglichkeiten hat.

Für Ältere gilt hingegen, was die Stanford-Forscherin Laura Carstensen »socioemotional selectivity« nennt, also ein an die soziale und emotionale Befindlichkeit angelehntes Wahlverhalten. Je mehr die Menschen sich der Endlichkeit des Lebens bewusst werden, desto konsequenter leben sie. »Viele konzentrieren sich auf die positiven Seiten des Lebens und schenken den negativen Seiten weniger Beachtung«, sagt Carstensen und zitiert als Beispiel eine E-Mail ihrer Mutter: »Wir haben immer noch dieses schreckliche Winterwetter, aber ist der Vollmond nicht wunderschön?«[13]

Dabei hilft ihnen ein Gehirn, das im Alter keinesfalls schlechter funktioniert als während der Jugend. Das ist einer der vielen nachweislich falschen Mythen, die über den Prozess des Alterns verbreitet werden. Tatsächlich funktioniert das Gehirn bei Älteren anders als bei Jüngeren. Wie es genau arbeitet, ist Thema einer der faszinierendsten Forschungsrichtungen in der Gehirnphysiologie weltweit. Damit beschäftigt sich *Kapitel 5*.

Die vorherrschende Lehrmeinung war lange, dass ein alterndes Gehirn einfach »ein junges Gehirn ist, das nach und nach den Geist aufgibt«, wie es die Wissenschaftsjournalistin Barbara Strauch formuliert. Schließlich zeichnen sich die Jahre nach 40 dadurch aus, dass man Namen vergisst und Autoschlüssel verlegt, oder? Nicht nur, sagt Strauch und zeichnet ein faszinierendes Porträt eines Organs, das unser bester Helfer beim erfolgreichen Älterwerden ist: »Das mittelalte Gehirn sortiert das ganze Durcheinander und findet Lösungen, es weiß genau, wen und was es ignorieren soll, welche Kehre wann zu nehmen ist. Es ist cool, es passt sich an.«[14]

»Das menschliche Gehirn bleibt bis ins hohe Alter veränderbar«, sagt auch Ursula Staudinger[15], die an der Jacobs University Bremen forscht und Vizepräsidentin der Nationalen Akademie der Wissenschaften Leopoldina ist. Sie ist überzeugt davon, dass Ältere »im sozialen Miteinander die verlässlicheren und stabileren Menschen sind«. Sie sind imstande, ebenso viel wie die Jungen zu lernen, aber sie lernen anders.

So hat die Sozial-Holding der Stadt Mönchengladbach beispielsweise eine Pflegelehrerin eingestellt, die über 40-Jährige bei ihrer Ausbildung zu staatlich geprüften Hauswirtschafterinnen begleitet. Dass Frauen nach der Familienphase noch einmal eine Ausbildung machen und Unternehmen die Möglichkeit dazu eröffnen, ist in Deutschland noch absolut ungewöhnlich.

Doch die Sozial-Holding profitiert ungemein von ihrem innovativen Weg: Die Motivation der älteren Auszubildenden sei außergewöhnlich, sagt Geschäftsführer Helmut Wallrafen-Dreisow.[16] Der Altersschnitt seiner ungewöhnlichen »Lehrlinge« liegt bei 45, eine Dame war bei Ausbildungsbeginn bereits 57 Jahre alt.

Wallrafen-Dreisow ist es auch wichtig, mit dem Vorurteil aufzuräumen, dass die älteren Auszubildenden nicht so leistungsfähig oder etwa häufiger krank seien als seine jüngeren Mitarbeiter. »Die Gruppe der über 50-Jährigen hat bei uns mit 4,5 Prozent den geringsten Krankenstand überhaupt«, sagt er[17], »das ist in der Realität ganz anders, als es so oft diskutiert wird.« Die Krankenquote über alle Altersgruppen liegt bei der Sozial-Holding bei unter sechs Prozent und damit weit unter dem Branchenschnitt.

Wallrafen-Dreisow betont, dass die Wertschätzung der älteren Mitarbeiter der wichtigste Motivationsfaktor überhaupt sei. In einer noch laufenden Studie mit der Forschungsgesellschaft für Gerontologie hat er 300 ältere Mitarbeiter befragen lassen. »Bei älteren Mitarbeitern spielt die Ansprache durch die Vorgesetzten die entscheidende Rolle«, sagt der Geschäftsführer der Sozial-Holding Mönchengladbach, »wenn der Vorgesetzte dem älteren Mitarbeiter sagt, das begreifst du nie, dann wird das auch nichts – und umgekehrt.«[18]

Was Älteren in Deutschland noch an Selbstbewusstsein fehlt, entwickelt sich weit stürmischer in den USA. Für all jene, die ihre Karriere noch einmal neu starten wollen, gibt es dort den Begriff der *Encore-Karrieren*.

»Encore« heißt übersetzt »Zugabe«, kann aber auch vom französischen »noch« abgeleitet werden, bedeutet dann also »noch eine Karriere«. Popularisiert wird der Begriff von der Nichtregierungsorganisation *Civic Ventures*, deren Direktor Marc Freedman als einer der prominentesten Vorkämpfer für den Gedanken der Encore-Karrieren gilt. Ihm ist auch wichtig, dass das Wort »core«, also »Herz, Seele«, in dem Begriff steckt.

Neun Millionen Amerikaner hätten in der Mitte ihres Lebens bereits eine neue Karriere begonnen, vor allem in Bereichen wie Erziehung, Umwelt, Gesundheit und sozialen Diensten, sagt Freedman. Nicht wenige davon haben sich selbstständig gemacht. Wie das Magazin *Newsweek* im August 2010 berichtete, gründen über 55-Jährige fast doppelt so oft erfolgreiche Firmen wie 20- bis 34-Jährige. Wie man eine neue Karriere beginnt und damit zum Trendsetter wird, ist das Thema des 6. *Kapitels*.

Dass dies den Arbeitsmarkt der Zukunft beeinflusst, wird im 7. *Kapitel* beschrieben. Denn die These, dass die Produktivität und Innovationsfähigkeit einer alternden Gesellschaft quasi wie ein Naturgesetz rückläufig sei, ist nach Ansicht der Leopoldina-Vizepräsidentin und Altersforscherin Ursula Staudinger nicht zu halten. Thomas Zwick vom Institut für Wirtschaftspädagogik der Ludwig-Maximilians-Universität München teilt diese Meinung:»Altersgemischte Teams steigern die Produktivität sowohl für ältere als auch für jüngere Arbeitnehmer, wenn sie geschickt zusammengesetzt sind.«[19]
Unternehmen, die das schaffen, sind für das 21. Jahrhundert gut gerüstet. Allerdings ist ganz entscheidend, ob die Atmosphäre in den Firmen die Älteren auch fordere. »Die Frage des Alters ist ganz stark eine Kopfsache«, sagt Bundesarbeitsministerin Ursula von der Leyen[20], »wenn wir Älteren keine Innovationen mehr zutrauen, trauen die sich das selber auch nicht zu.« Die Ministerin zitiert dazu eine Umfrage in mehreren Un-

ternehmen, in der Älteren die Frage gestellt wurde, ob sie ihr Arbeitspensum gut schaffen. Die Antwort korrelierte sehr stark damit, ob die Firma ihre älteren Mitarbeiter schätzt oder nicht. So antworteten in Firmen mit einem guten Bild vom Altern zwei Drittel mit »Ja«. Wo Firmen ihre älteren Mitarbeiter nicht wertschätzten, antworteten jedoch drei Viertel mit »Nein, wir schaffen das nicht«.

Das ist eine Erfahrung, die auch die über 200 Unternehmen machen, die schon jetzt im *Demographie Netzwerk-ddn* der deutschen Industrie zusammengeschlossen sind. »Die größte Herausforderung besteht darin, eine Unternehmenskultur zu schaffen, in der generationsübergreifende Wertschätzung und Kooperation ihren festen Platz haben«, sagt Jürgen Pfister[21], der Vorsitzende des ddn-Vorstandes.

Die 22,3 Millionen Mitbürger in Deutschland, die im Jahr 2030 älter als 65 Jahre alt sein werden, haben eine bessere Chance denn je, zwei bis drei weitere Jahrzehnte in guter Gesundheit zu erleben. Wirkliche Hochaltrigkeit setzt heutzutage eigentlich erst nach dem 85. Lebensjahr ein.

95 von 100 Älteren werden deshalb ihren Wunsch verwirklichen können, die zweite Hälfte ihres Lebens in ihren gewohnten vier Wänden zu verbringen. Doch die Midlife-Boomer werden dabei ihren eigenen Bedürfnissen folgen – und so wird sich gerade der Bereich des Wohnens in den nächsten Jahren stark verändern. Das schildert *Kapitel 8*.

Das können gemeinschaftliche Wohnprojekte sein, wie bei der Hotelerbin aus dem Schwarzwald, die nach Mitbewohnern für ihr rundum erneuertes und in Apartments mit großem Gemeinschaftsbereich umgewandeltes Hotel sucht. Oder ganz auf die Gruppe abgestimmte Neubauten wie ein über 700 Quadratmeter großer Dachausbau, der auf einem Mehrfamilienhaus in Berlin-Kreuzberg aufgesetzt wird, den sich eine Gruppe Münchner als gemeinschaftlichen Alterssitz ausgesucht hat.

Wer beim gemeinschaftlichen Bauen das Rad nicht neu erfinden will, kann inzwischen auch auf Modellansätze wie die *i3-Communities* zurückgreifen. Mehrere Anlagen für generationenübergreifendes Wohnen sind nach diesem Muster bereits entstanden, was die Planung, Projektierung und oft auch Finanzierung neuer Projekte vereinfacht.

Inzwischen gibt es bereits die ersten Architekten, die sich auf neue Wohnformen im Alter spezialisiert haben. Und es gibt kreative Vordenker wie den Berliner Architekten Eckard Feddersen, der sich auch über die städtischen Räume der Zukunft Gedanken gemacht hat. Denn natürlich wird der demografische Wandel auch für die Kommunen ein immer wichtigeres Thema. Wie sie sich auf die Alterung und oft damit einhergehend die Schrumpfung ihrer Städte und Gemeinden einstellen, wird im *9. Kapitel* beschrieben.

Da ist beispielsweise die Gemeinde Hiddenhausen in Niedersachsen, die es geschafft hat, junge Familien in alten Häusern im Zentrum anzusiedeln, statt immer neue Neubauflächen auszuweisen. Im hessischen Fachwerkstädtchen Wanfried haben sich einzelne besorgte Bürger zusammengetan, um nach Käufern für die leer stehenden und zunehmend verfallenden Häuser zu suchen.

Diese Vielzahl der Angebote und Lebensformen, diese bunte Breite der Möglichkeiten sollte unser neues Bild vom Alter bestimmen. Denn kein Lebensabschnitt ist so vielfältig wie der, den die Midlife-Boomer vor sich haben. Und es ist an ihnen, diesen neuen Lebensabschnitt zu formen, zu bestimmen, ihm einen Namen zu geben. Dies ist Inhalt des *10. Kapitels*, gleichsam auch ein Fazit dieses Buches.

»Wenn es der Gesellschaft nicht gelingt, kreativ und proaktiv auf die Verlängerung der Lebensspanne einzugehen, verdammen wir die Älteren der Zukunft dazu, ein Leben wie das der Älteren heute zu führen – und das, obwohl sie gesünder, mental agiler und zu weit mehr fähig sind als die jetzigen Alten«, warnt die Stanford-Wissenschaftlerin Laura Carstensen[22]. Kann man sich »etwas Schrecklicheres vorstellen als eine zwanzigjährige Dämmerphase – und das nur deshalb, weil es niemanden gab, der eine Idee hatte, was ein 80-Jähriger mit dem Körper und Gehirn eines 60-Jährigen mit seinem Leben anfangen soll?« Carstensen ist sich sicher: »Wenn wir es beim jetzigen Status quo belassen, werden wir die Boomer dazu verdammen, ihr Alter in einem im wahrsten Sinne des Wortes veralteten Lebensmodell zu verbringen.«

Deshalb geht es um unser aller Zukunft, wenn wir an einem neuen Bild vom Alter arbeiten. Es ist eine Aufgabe, die sich lohnt: Nichts wird unsere Gesellschaft, unsere Wirtschaft und die Art, wie wir zusammenleben, in den nächsten zwei Jahrzehnten so sehr revolutionieren wie die demografischen Veränderungen in Deutschland.

Dass wir dabei viele Probleme bewältigen müssen, ist offensichtlich. Noch größer aber sind die Chancen, die uns diese Entwicklung bietet.

Denn der 50. Geburtstag ist allenfalls die Mitte, nicht der Höhepunkt des Lebens. Wer wie die meisten Midlife-Boomer das achte oder neunte Lebensjahrzehnt bei weitgehend guter Gesundheit erreichen wird, hat mit 50 gut 30 weitere Lebensjahre voller Entdeckungen, Erfahrungen und Eindrücke vor sich.

Gestatten Sie mir, dass ich Sie deshalb auf ein kleines Gedankenexperiment mitnehme: Schließen Sie kurz die Augen und gehen Sie Ihr Leben in den Jahren zwischen 20 und 50 durch. All die vielen Erlebnisse, Erfahrungen, Freud und Leid. 30 Jahre Leben.

Und nun stellen Sie sich vor, dass sie die gleiche Zeitspanne noch einmal haben: vielleicht für einen neuen Beruf, einen Umzug in eine andere Umgebung oder auch dafür, die Prioritäten in ihrem jetzigen Leben etwas anders zu setzen. Spüren Sie, wie viel Zeit Sie noch haben? Was Sie noch alles anfangen können? Wie viele Entdeckungen noch auf Sie warten?

James Vaupel, einer der bekanntesten Altersforscher weltweit und Direktor des Max-Planck-Instituts für demografische Forschung in Rostock, ist sich sicher, dass es die klassische Dreiteilung »Ausbildung, Arbeit, Rente« in Zukunft für die wenigsten geben wird. »Heute in Deutschland geborene Kinder werden mit einer Wahrscheinlichkeit von mehr als 50 Prozent 100 Jahre alt. Es scheint mir klar, dass die meisten davon nicht schon mit 60 oder 65 Jahren in Rente gehen wollen – sondern viel später. Sie werden vermutlich mehr Jahre ihres Lebens arbeiten wollen, dafür aber weniger Stunden pro Woche. Dann hätten Sie zum Beispiel mehr Zeit für die Erziehung ihrer Kinder und für ihre lebenslange eigene Weiterbildung.«[23]

Deshalb war es nie spannender, älter zu werden. Denn die Midlife-Boomer werden die Trendsetter eines ganz neuen Lebenszyklusmodells für diejenigen, die heute Kinder oder Jugendliche sind. Wer mit einer Wahrscheinlichkeit von über 50 Prozent 100 Jahre alt werden wird, braucht nicht so durchs Leben zu hetzen, wie die Midlife-Boomer es bislang tun mussten.

Diese Kinder müssten nicht unbedingt Turboabitur machen und mit Anfang 20 bereits voll im Arbeitsprozess sein. Sie könnten sich mehr Zeit lassen. Auch die sogenannte »Rushhour des Lebens«, in der heute zwischen 30 und 45 alles erreicht werden soll, könne entzerrt werden. Statt sich hier auszupowern und dann mit 40 ausgebrannt zu sein, muss es in dieser Lebensphase so viel Flexibilität wie möglich geben – Teilzeitangebote, die sich mit Vollzeit abwechseln, kurze und lange Auszeiten, wechselnde Zuständigkeiten innerhalb der Familie.

Zwar würde ein so gestalteter neuer Spannungsbogen des Lebens in dieser Zeit durchaus Einkommensein-

bußen bedeuten. Durch die insgesamt längere Lebens-
arbeitszeit aber kann das wieder kompensiert werden.
Zum Beispiel, wenn wir dann mit 50 noch einmal richtig
durchstarten. Eine neue Karriere aufbauen und bis 70,
vielleicht aber auch länger, gemäß unseren Zeitwün-
schen flexibel arbeiten.

Deshalb geht es bei der Formulierung eines neuen
Bildes des Alterns auch um die Zukunft von Paul, Klara
und Karl – und den Millionen von Kindern und Jugendlichen, die heute in Deutschland aufwachsen.

Vor allem aber geht es um die Zukunft der Midlife-
Boomer selbst: Wie sieht sie aus, diese neue Erzählung
eines glücklichen hundertjährigen Lebens?

KAPITEL 2

Länger leben, besser leben –
Wie Midlife-Boomer das Altern
neu erfinden

Wenn Mick Jagger, Keith Richards, Ron Wood und Charlie Watts am 12. Juli 2012 den 50. Geburtstag der *Rolling Stones* feiern, wird niemand den Begriff »alt« für die vier Gründer der legendären Rockband benutzen. Oder wenn, dann allenfalls mit Bewunderung, was diese vier Männer um die 70 so alles noch reißen.

Genauso wie die *Rolling Stones* den Jugendkult mit erfunden haben, könnten sie uns nun zu einem modernen Bild des Alterns verhelfen. Denn unsere Sicht auf das Älterwerden ist geprägt von den Älteren, die wir kennen.

Für viele von uns sind das Großeltern, die im traditionellen Sinne des Wortes »alt« waren: Wir erinnern uns an sie aus unserer Kinderperspektive, ihr Gesicht mit Falten durchzogen, oft auf einen Gehstock gestützt oder gemütlich auf dem Wohnzimmersofa sitzend. Und dann sind da natürlich die eigenen Eltern, in ihrer Mehrzahl schon eine weit mobilere Generation. Frühverrentet vielleicht, durch die Welt reisend oder den heimischen Garten in Topform haltend. Durchaus am Geschehen der Welt interessiert, aber doch oft auch den Gedanken nachhängend, dass »früher alles besser« war.

Wir lieben sie, natürlich. Und dennoch beschleicht uns immer dieses Gefühl des kontinuierlichen Abstiegs und drohenden Verfalls. So richtig können wir es nicht benennen, und thematisiert wird es ohnehin nur in sehr seltenen Fällen. Doch dieses unbestimmte Unwohlsein prägt in vielen Fällen unbewusst unser Bild vom Altern. Es ist ursächlich mitverantwortlich dafür, dass die meisten von uns das Alter als defizitär wahrnehmen, es verdrängen oder sich am liebsten erst gar nicht damit beschäftigen.

Für unsere Kinder und Enkel wird das mit großer Wahrscheinlichkeit anders sein. Ihre ersten Erinnerungen an das Alter sind wir – oder unsere Eltern. Also hoffentlich keine Muttchen und Väterchen, die im Lehnstuhl sitzen oder den ganzen Tag aus dem Fenster starren, um mal das Bild zu überzeichnen. Sondern aktive, der Welt zugewandte Menschen, die auch in fortgeschrittenen Jahren immer wieder mal was Neues probieren.

Wie stark und wie schnell sich das Bild vom Alter ändert, liegt an den Generationen zwischen den heute ganz Jungen und den ganz Alten. Wie auch beim Jugendkult werden die US-amerikanischen Babyboomer dabei eine treibende Kraft sein. Schon ist dort die Rede von *Alpha Boomern*, der Kohorte[24] der heute 55- bis 64-Jährigen. Sie sind die zahlenmäßig stärkste Altersklasse in den USA, verfügen über deutlich überdurchschnittliches Einkommen und konsumieren gern.

Als Alterskohorte zeichnen sie sich nach Ansicht des Soziologen Chris Gilleard dadurch aus, dass sie lieber »Allianzen in ihrer eigenen Altersgruppe schaffen« als »die Solidarität zwischen den Generationen und in ihrer eigenen sozialen Klasse«[25] zu pflegen. Wenn sie nun auf ihren 60. und 70. Geburtstag zusteuern, hätten sie zwar ihre kalendarische Jugend hinter sich gelassen, argumentiert Gilleard, doch die dazugehörige »Kultur der Vitalität, Authentizität und Wachheit« mitgenommen. Die Journalistin Laura Tennet formuliert das so: »Die ständige und lebhafte Interaktion mit der Welt, wenn auch zu den eigenen Bedingungen, ist das *sine qua non* des Alpha Boomers.«[26]

Schon gibt es bei Google 2,56 Millionen Einträge für Alpha Boomer,[27] verglichen mit 83,8 Millionen für Babyboomer. Wie so oft wurde der Begriff von den Werbeagenturen erfunden: *Generation Alpha Boomers – Targeting an Untapped Population Through The Power of Radio*[28] heißt beispielsweise ein im September 2011 veröffentlichter Report von RAB Research, der häufig zitiert wird.

Alpha Boomer werden dort beschrieben als die »frühen Boomer der Altersgruppen 55 bis 64«: »Seit ihrer Kindheit hat diese Gruppe gesellschaftliche Trends und Erwartungen neu definiert. Nun, da sie sich dem Rentenalter nähert, wird sie dies wieder tun.« Zwar sei die werbetreibende Wirtschaft in der Vergangenheit bei ebendieser Gruppe sehr erfolgreich gewesen. Nun aber sei sie in der Altersklasse der 18- bis 49-Jährigen oder

allenfalls 25- bis 54-Jährigen stecken geblieben: »Werbetreibende, die das heutige Alpha-Boomer-Segment nicht
beachten, sollten ihre Strategie überdenken.«

Denn die Zahlen seien beachtlich, schreibt RAB Research: »Alphas« stellten 43,6 Prozent der riesigen Baby-
boomer-Generation der Jahrgänge 1946 bis 1965, und
damit 17 Prozent der gesamten Bevölkerung. Sie ver-
fügten über zwei Billiarden US-Dollar und ein mittleres
jährliches Einkommen von 69 000 Dollar, das nur von
der Altersklasse der 35- bis 44-Jährigen mit 75 000 Dollar
getoppt werden würde. 31,5 Prozent der »Alphas« hätten flüssige Mittel in Höhe von mindestens 100 000 US-
Dollar, immerhin knapp 16 Prozent sogar 250 000 Dollar
oder mehr. »Alphas« kauften 40 Prozent aller Tech-Pro-
dukte, viele davon online. Jeder Fünfte plane im nächsten Jahr sein Haus zu modernisieren. Ebenso viele seien
im vergangenen Jahr mindestens dreimal geflogen. Und
so weiter und so weiter.

So drückt der Begriff der »Alpha Boomer« in typisch ame-
rikanischer Übertreibung Erwartungen aus, denen viele
nicht gerecht werden können und dessen Verwendung
deshalb eher demotivierend als motivierend sein dürfte.
Wir haben uns deshalb entschlossen, den neutraleren
Begriff *Midlife-Boomer* zu verwenden. Auch dies ein Ang-
lizismus, für den ich mich als Autorin schon mal vorbeu-
gend entschuldige. Bitte schreiben Sie mir,[29] wenn Ihnen
ein besserer Begriff einfällt. Denn diese neu zu beschrei-
bende Lebensphase ist so vielfältig wie keine andere. Sie
hält keine Muster bereit und sollte das auch nicht.

Ganz im Gegenteil zeichnet sie sich dadurch aus, dass jeder alles ausprobieren kann. Ohne den Druck der ersten Karriere in der Jugend. Ohne den Druck der schreienden Kleinkinder und des Abendessens, das jeden Tag irgendwie dann doch auf dem Tisch stehen muss. Ohne den Druck des »Ich muss besser und bis 40 Chef sein«. Es ist eine Zeit in der Mitte des Lebens, in der die besten Jahre warten.

Worin uns die amerikanischen und britischen Boomer aber meilenweit voraus sind, sind das Selbstbewusstsein und auch der Humor, mit denen sie diese Lebensphase offensiv mit Inhalten füllen. So wirbt das britische Internetportal *High50*[30] mit dem Untertitel »Das Alter hat seine Vorteile« und begrüßt seine Leser(-innen) wie folgt: »Willkommen bei High50. Das Leben beginnt mit 50. Und mit Rabatten, Schnäppchen und lebensverbessernden Texten.«

»Normal war doch, dass man eine Karriere, eine Frau und eine Familie hatte und sich mit 65 irgendwo in der Nähe des Meeres zur Ruhe setzte«, sagt Robert Campell[31], der *High50* gegründet hat. Nun aber »leben und arbeiten wir so viel länger, dass 50 die Gelegenheit für eine größere Veränderung im Leben geworden ist«. Nach 50 mache man nur noch, was man selbst wolle, nicht was die anderen von einem wollten.

Tim Willis, der 52-jährige Chefredakteur von *High50*, beschreibt sein Magazin als »sexy, coole, interessante und relevante Alternative für 50er, denen Kreuzfahrten und Lebensversicherungen egal sind«.

In den USA hat das sehr erfolgreiche Internet-Nachrichtenportal *Huffington Post* vor kurzem sogar einen eigenen Ableger *Huff50* gegründet. Offensiv, engagiert und mit dem typisch amerikanischen *Can-Do*-Optimismus werden dort Themen debattiert, die Menschen ab 50 interessieren. Der Autor Raymond Tallis fordert die Boomer sogar auf, »den Taktstock der Rebellion von den Jungen zu übernehmen«: »Jeder von uns kann sich nun frei von den Erfordernissen des wirtschaftlichen Überlebens und der Kindererziehung einige fundamentale Fragen stellen. Ein älterer Mensch kann frei sprechen, weil er sich nicht mehr Autoritäten unterordnen muss.«[32]

In den USA steigt die Zahl der Älteren, die ihre eigenen Firmen gründen, ständig. In der Altersgruppe zwischen 55 und 64 findet sich die höchste Quote an Gründern, heißt es in der Studie *The Coming Entrepreneurship Boom*[33] der Kauffman Foundation. »Dass die größte Altersgruppe in den USA auch diejenige ist, die am gründungswilligsten ist, ist vielversprechend für die wirtschaftliche Zukunft der Vereinigten Staaten«, sagt Robert E. Litan von der Kauffman Foundation.

Damit räumt die auf Forschungen von Vivek Wadhwa von der Duke-Universität basierende Studie auch mit dem Medienbild des jungen, 20-jährigen Internet-Gründers auf: Wer in den USA geboren wurde und ein Technologieunternehmen gegründet hat, war im Durchschnitt 39 Jahre alt. Noch interessanter ist, dass sich die starke Zunahme der älteren Gründer ausgerechnet in der Dekade abgespielt hat, die gemeinhin als Dotcom-Ära gilt – also die Jahre um die Jahrtausendwende.

Auch diese Ergebnisse zeigen wieder, wie verzerrt unsere mediale Wahrnehmung ist: Während die ganze Welt fasziniert auf 19-Jährige starrt, die in Silicon-Valley-Garagen Weltkonzerne starten, wird die eigentliche Gründerszene von 55- bis 64-Jährigen bevölkert. Manche davon sind die Kapitalgeber im Hintergrund, die meisten aber sicherlich selbst operativ tätig.

Ende 2011 hatten bereits neun Millionen Menschen,[34] also fast jeder Zehnte zwischen 44 und 70 Jahren in den USA, eine neue Karriere in einer anderen Branche begonnen. Noch drei Jahre zuvor lag die Zahl erst bei 8,4 Millionen, sagt Marc Freedman von der Nichtregierungsorganisation Civic Ventures.

In einer von Civic Ventures durchgeführten Telefonumfrage unter 930 US-Amerikanern zwischen 44 und 70 Jahren stellte sich heraus, dass 85 davon bereits eine zweite Karriere angefangen hatten und 285 weitere zumindest an dem Thema interessiert waren. 30 Prozent der Karrierewechsler finden einen neuen Job im Bildungsbereich, je ein Viertel in der Gesundheitsbranche und im öffentlichen Dienst. 11 Prozent starten bei Nichtregierungsorganisationen durch. Die Karrierewechsler gehen davon aus, dass sie bis durchschnittlich 69 in ihrem neuen Job arbeiten werden, insgesamt im Schnitt elf Jahre.

Nicht immer werden diese Karrierewechsel freiwillig in Angriff genommen, viele der Befragten treibt auch die Folgen der Rezession nach der Finanzkrise der Jahre 2008/2009, die anders als in Deutschland in den USA zu Millionen von Entlassungen geführt hat. So gibt ein Viertel von ihnen den Konjunktureinbruch als Grund für ihren Neustart an. Die Hälfte sagt, sie hätten entweder nicht genügend Einkommen oder genügend Ersparnisse, um nur weiterzumachen wie bisher. Jeder Fünfte mit einer *Encore*-Karriere allerdings berichtet, er wolle durch den neuen Job etwas für sich und die Welt Sinnvolles leisten.

Civic-Ventures-Gründer Freedman beschreibt Menschen, die an Karrierewechseln interessiert sind oder sie schon vollzogen haben, so: »Sie wollen ein gewisses Niveau an finanzieller Sicherheit und die Möglichkeit, mit ihrer Arbeit etwas zu bewegen.« So wird es auch als Fazit der Telefonumfrage formuliert: »Es ist die Kombination aus finanzieller Sicherheit und der Möglichkeit, auch der Umgebung um einen herum etwas zurückzugeben, die die Menschen am meisten reizt.«[35]

In Deutschland und Europa sind derartige »Karrieren 2.0« noch die Ausnahme. Doch die Zahl der Trendsetter steigt, die einen beruflichen Neuanfang wagen (siehe auch Kapitel 5). Sie tun das in einem deutlich anderen demografischen Umfeld als die amerikanischen Midlife-Boomer.

Denn kein Kontinent altert so dramatisch wie Europa. War hier im Jahr 2006 jeder Fünfte über 60 Jahre alt, wird es im Jahr 2050 mehr als jeder Dritte[36] sein. 34,5 Prozent der Bevölkerung, so viel wie in keiner anderen Region der Welt, gehören dann der Altersgruppe über 60 Jahre an. In Nordamerika werden es lediglich

27 Prozent, in Asien 23,6 Prozent und in Afrika sogar nur 10 Prozent sein.

Hinter diesen nackten Zahlen verbirgt sich eine sehr unterschiedliche Dynamik in den Alterungsprozessen. Hatte ein Industrieland wie Frankreich noch 115 Jahre Zeit, um sich daran zu gewöhnen, dass sich der Anteil der über 60-Jährigen verdoppelt, spielt sich der gleiche Prozess im Stadtstaat Singapur beispielsweise in 19 Jahren ab.

Das National Institute on Aging hat dazu 2007[37] höchst interessante Vergleichszahlen vorgelegt. So waren in Frankreich bereits im Jahr 1865 7 Prozent der Bevölkerung über 60 Jahre alt. In den USA wurde diese Schwelle erst 1944 erreicht, in Japan 1970, in China im Jahr 2000, und für Kolumbien wird sie für das Jahr 2017 erwartet.

Dafür braucht Kolumbien dann nur 20 Jahre, bis sich der Anteil der über 60-Jährigen von 7 auf 14 Prozent verdoppeln wird – ein Prozess, der in Schweden 85 Jahre, in Kanada 65 Jahre, in Großbritannien 45 Jahre und in Japan 26 Jahre gedauert hat[38].

Japan gilt heute als das älteste Land der Welt. Fast jeder Vierte, oder um genau zu sein 23,3 Prozent der Bevölkerung, ist über 60 Jahre alt.[39] Schon seit über zwei Dekaden beschäftigt die Alterung dort die Gesellschaft, was zu interessanten Lösungen vor allem im Wohnungsbereich (siehe Kapitel 8) und bei der Betreuung von Älteren geführt hat.

Nirgendwo sonst werden so viele Roboter für die Pflege und den Haushalt eingesetzt wie in Japan. Viele sehen dabei aus wie Tiere und haben ein kuschelweiches Fell zum Knuddeln. Wie Paro, eine Robbe, die sprechen kann. Sie ist so beliebt, dass sie inzwischen weltweit exportiert wird und auch in der Demenzpflege in Deutschland immer öfter zum Einsatz kommt. Das knapp 3000 Euro teure Gerät hat ein weißes Fell, schwarze Knopfaugen und den typischen Augenaufschlag einer Robbe. Wird Paro angesprochen, bewegt die Maschine den Kopf in die Richtung der Stimme und wackelt mit dem Schwanz. Bis zu 50 verschiedene Stimmen kann der 2,7 Kilogramm schwere Roboter unterscheiden.

Dass in Japan Roboter bei der Betreuung Älterer akzeptiert werden, hat auch mit der dort dominanten Religion zu tun. Denn im Shintoismus können auch Dinge eine Seele haben. Das erleichtert nicht nur die Akzeptanz von Robotern, sondern macht möglicherweise sogar Pflegeroboter wie die Robbe Paro zu gern eingesetzten »Gefährten« für Ältere.

Wie kaum ein anderes Land allerdings leidet Japan seit über zwei Dekaden auch an den Folgen zweier gigantischer Spekulationsblasen am Aktien- und am Immobilienmarkt. Die Folge ist eine lang anhaltende Deflation, die in Verbindung mit der älter werdenden Bevölkerung eine ungeheure Sprengkraft entwickelt. Wie in den USA sind auch in Japan die Babyboomer die reichste Generation, die es je in der japanischen Geschichte gegeben hat. Erwartet wurde deshalb, dass sie – analog zu den USA – eifrig reisen, ordentlich einkaufen und auch sonst die Wirtschaft in Schwung bringen.

Doch das Gegenteil trat ein – und das wird von den

meisten Beobachtern auf die psychologischen Folgen der jahrelangen Deflation geschoben: Anhaltend sinkende Preise nämlich sind quasi der Himmel auf Erden für Menschen, die von ihrem Ersparten leben. Warum sollten sie den Kühlschrank heute kaufen, wenn er morgen schon preiswerter ist?

Für die Jüngeren und Nocherwerbstätigen hingegen ist eine derartige Situation eine kleine Katastrophe: Sie sind auf laufendes Einkommen, nicht auf Erspartes angewiesen. Doch auch die Gehälter steigen in einer derartigen Situation nicht, sondern sinken eher. Und die Firmen trauen sich nicht mehr, Risiken einzugehen und in neue Produkte und Dienstleistungen zu investieren. Die Deflation hat den Japanern »einen tiefen Zukunftspessimismus und eine Angst vor Risiken eingebracht, die die Menschen instinktiv davor zurückschrecken lässt, Geld auszugeben oder zu investieren. Das aber lässt die Nachfrage und die Preise nur noch weiter sinken«, beobachtet der Journalist Martin Fackler[40].

Dies ist wichtig zu wissen, wenn es um die Frage geht, ob alternde Gesellschaften zugleich weniger kreative und innovative Gesellschaften sind. Japan taugt hier schon allein aufgrund der Folge der Spekulationsblase nicht wirklich als Beispiel. Letztlich wird es auf das Selbstbild einer Gesellschaft ankommen: Wo das Alter positiv gesehen wird, bleiben Kreativität und Innovationsfähigkeit erhalten.

Vor einem ganz anderen demografischen Problem steht China. Denn die rigide durchgesetzte Ein-Kind-Politik lässt das Verhältnis zwischen den Altersgruppen in einer Geschwindigkeit kippen, die nirgendwo sonst auf der Welt zu beobachten ist. »Das Land wird alt sein, bevor es reich ist«, schreiben die Journalistinnen Christiane Kühl und Christiane von Hardenberg[41].

Noch jedoch profitiert das Land von der sogenannten »demografischen Dividende«: Sie misst den zusätzlichen Beitrag zum Wirtschaftswachstum, der auf den hohen Anteil an Erwerbstätigen an der Gesamtbevölkerung zurückzuführen ist. Er wird derzeit nach Angaben der Asiatischen Entwicklungsbank auf 25 Prozent geschätzt. Ein Viertel des chinesischen Wirtschaftswachstums beruht also darauf, dass noch immer sehr viel mehr junge Erwerbstätige in den Arbeitsprozess eintreten und als preiswerte Arbeitskräfte zur Verfügung stehen, als Ältere aus dem Erwerbsleben ausscheiden.

Und noch hat China relativ gesehen wenige Ältere: Ende 2007 waren nur 13,6 Prozent der Chinesen über 60 Jahre alt im Vergleich zu 23,1 Prozent in Westeuropa und 17 Prozent in Nordamerika. Das aber wird sich in den nächsten Jahrzehnten durch die stark steigende Lebenserwartung, mehr Wohlstand und eine weit bessere Gesundheitsversorgung dramatisch ändern. Schon 2030 wird sich voraussichtlich der Anteil der über 60-Jährigen in China von 100 Millionen auf 235 Millionen mehr als verdoppelt haben. Und für das Jahr 2069 erwartet die UNO in China als erstem Land der Erde eine Million Hundertjähriger.

Diese Million Menschen wurden mitten in der Kulturrevolution 1969 in ein wirtschaftlich verwüstetes, bitterarmes Land geboren. Sie sind heute in ihren Vierzigern und qualifizieren sich qua Alter zweifelsfrei für die Kategorie der Midlife-Boomer. Ob – und wie – sie die chinesische Gesellschaft verändern, lässt sich jetzt noch keinesfalls sagen, auch nicht, welche Auswirkungen das auf den Rest der Welt haben wird. Die Frage allerdings, die sich angesichts einer Prognose von einer Million Hundertjähriger im China des Jahres 2069 mit noch mehr Dringlichkeit stellt, ist die, wie Menschen überhaupt altern. Und natürlich die Königsfrage: Kann es uns gelingen, das Altern zu stoppen oder seine Folgen gar zu reparieren?

KAPITEL 3

Das Alter entschlüsseln – Faszinierende Erkenntnisse aus der Forschung

Die Aufgabe scheint leicht genug: Geldbörse nehmen, Kleingeld rausholen, bezahlen. Ein Prozess, der sich tausendmal pro Stunde in Deutschland abspielt.

Für mich aber ist dieses Mal alles anders: Ich stecke in einem *Age Explorer*. Bereits 1995 haben Hanne und Gundolf Meyer-Hentschel[42] diesen Anzug entwickelt, mit dem der Träger auf einen Schlag um Jahrzehnte altert. Gewichte erschweren die Bewegungen, Bandagen versteifen die Gelenke, besondere Handschuhe beeinträchtigen das Greifen. Ein Kopfhörer mindert mein Hörvermögen und ein gelb getöntes Visier meine Sehkraft. Statt 45 Jahre bin ich nun gefühlte 75 Jahre alt.

Das ist eine faszinierende und überaus lehrreiche Erfahrung. Denn die kleine schwarze Geldbörse, die in Hunderttausenden von Handtaschen in Deutschland steckt, wird nun zu einer echten Herausforderung.

Die Schließe bekomme ich gerade noch auf, doch beim Hervorkramen des Kleingeldes muss ich passen.

Hilflos übergebe ich die Börse an meine Führer bei dieser Expedition ins Alter und denke an die vielen Male, als ich mich an der Supermarktkasse über den Stau geärgert habe, den ein Älterer beim Bezahlen verursacht hat.

Hanne Meyer-Hentschel gibt mir die Shampoo-Packung eines berühmten Berliner Coiffeurs. Unmöglich, das Kleingedruckte zu lesen. Die Farben verschwimmen – ob Grün oder Blau, für mich ist mit dem Gelb-Visier alles einerlei. Auch Rot und Orange sind nicht mehr zu unterscheiden, sondern ein einziger Farbbrei.

Auf einen Schlag um drei Jahrzehnte zu altern ist ein Schock. Normalerweise verläuft dieser Prozess langsam. Wir erschrecken ein wenig, wenn unsere Lieben uns auf die ersten grauen Haare hinweisen. Wir nehmen uns vor, endlich in die Rückengymnastik zu gehen, wenn es morgens wieder beim Aufstehen zwickt.

Was aber geschieht da im Körper genau, wenn er altert? Ist der Prozess wirklich irreversibel? Wie kommt es, dass manche 70-Jährige wie 50-Jährige aussehen und andere schon mit 45 graue Haare haben?

Noch vor einigen Jahrzehnten konnten wir diese Fragen kaum beantworten. Für weite Teile der Forschung waren sie auch uninteressant. Das hat sich in letzter Zeit dramatisch geändert: Vor allem das Zusammenwachsen von Biomedizin, Informatik und Mathematik führt zu einer Fülle von neuen Erkenntnissen über die Zellalterung.

Einer der Forscher, die an diesen Schnittstellen arbeiten, ist Karl Lenhard Rudolph, der Direktor des Instituts für Molekulare Medizin an der Uni Ulm.

»Wenn es uns gelingt, die Mechanismen der Alterung zu verstehen, können wir Therapien entwickeln, die die Alterserscheinungen mildern oder zurückdrehen«, sagt Rudolph[43], der 2009 den renommierten Gottfried-Wilhelm-Leibniz-Preis bekommen hat. Dabei gehe es nicht so sehr darum, das Leben zu verlängern, sondern die Lebenszeit, in der man gesund ist. Forscher haben dafür den Begriff des *health span* gefunden, lose analog zu *age span* (Lebensspanne), übersetzt also die »Gesundheitsspanne«.

Die Forscher wissen inzwischen schon ganz gut, was es genetisch bedeutet, wenn Zellen altern. »Je älter eine Zelle wird, desto mehr Schäden weist sie im Erbgut, also der DNA, auf«, sagt Rudolph. Es kommt zu sogenannten DNA-Brüchen, wenn der Erbgutstrang in der Mitte auseinanderbricht. Bei jungen Zellen kann der Organismus das reparieren.

Bei älteren Zellen bricht die DNA an den Zellenden, was nicht mehr reparabel ist. In der Folge werden Botenstoffe aktiviert, die entweder sofort zum Zelltod führen oder aber dazu, dass sich die Zelle nicht mehr teilen kann und dann stirbt. »Im jungen Körper macht dieser Mechanismus Sinn, weil so beispielsweise Krebszellen bekämpft werden«, erklärt Rudolph. Im älteren Körper hingegen führe der Mechanismus dazu, dass Organe Schaden nehmen und Gewebe sich nicht mehr regeneriert. Könnte er ausgeschaltet werden, kann der Degenerationsprozess gestoppt werden.

Bei Mäusen ist dies den Forschern bereits gelungen. »Wir haben die Botenstoffe ausgeschaltet«, sagt Rudolph.

So kann sich die Zelle weiter teilen. Organe wie Leber oder Nieren und Gewebe regenerieren sich, statt zu altern.

Rudolph ist zuversichtlich, dass aus diesen und den Erkenntnissen anderer Forscher weltweit in den nächsten Jahren eine »spezielle Altersmedizin« entsteht. Denn bislang war das hohe Alter in der Evolution nicht vorgesehen: Sobald der Mensch sich reproduziert hatte, war seine Aufgabe im biologischen Sinn erfüllt. Dass so viele Menschen 70, 80, 90 oder gar 100 Jahre alt werden, ist ein Phänomen der letzten Jahrzehnte.

Auch im Tierreich gibt es nur sehr wenige Spezies, die wirklich alt werden. Sie dienen der Forschung für weitere Erkenntnisse über die Alterung ebenso wie besonders kurzlebige Gattungen.

So findet sich in Afrika ein Fisch, der nur drei Monate lang lebt – genau die Zeit, in der die Regenzeit die Tümpel mit Wasser füllt. Auch in einem Aquarium überlebt der Fisch nicht länger. 500 Kilometer weiter nördlich allerdings existiert ein genetisch weitestgehend identischer Fisch, dessen Wasserloch sechs Monate gefüllt ist. Und siehe da: Der Fisch hat sich im evolutionären Prozess so verändert, dass er dort sechs Monate lebt. Forscher in Jena entschlüsseln gerade das Erbgut beider Fischarten, um herauszufinden, ob es bei dem älter werdenden Fisch bestimmte Gene für die Langlebigkeit gibt.

In Köln erforscht eine Gruppe von Wissenschaftlern die Frage, wie sich die Reduzierung der Kalorienzufuhr aufs Altern auswirkt. Bekommen beispielsweise Fliegen und Würmer nicht ausreichend Nahrung, leben sie länger. Ihr Stoffwechsel verlangsamt sich, ebenso wie die biologischen Funktionen beispielsweise der Zellteilung. Je seltener sich die Zellen teilen, desto weniger Erbgutschädigungen werden ausgelöst, desto langsamer die Alterung. Ob dies beim Menschen auch funktioniert, ist allerdings noch völlig ungeklärt.

Eine andere Gruppe von Forschern hat sich aufgemacht, Organe nicht zu reparieren, sondern ganz neu zu züchten. Das klingt nach Science-Fiction, ist aber bereits weiter entwickelt als gemeinhin bekannt.

So werden in einer sogenannten »Hautfabrik« des Fraunhofer-Instituts für Grenzflächen- und Bioverfahrenstechnik demnächst daumennagelgroße Hautstücke in Großserie produziert.[44] Bis zu 5000 solcher »Ersatzorgane« können pro Monat hergestellt werden, entweder mit weißem oder bräunlichem Teint.

Tissue Engineering werden derartige Verfahren genannt, um Organe im Bioreaktor regelrecht zu züchten. Bereits 1995 haben – um ein skurriles Beispiel zu nennen, das für viel Furore gesorgt hat – Forscher der Harvard University eine menschliche Ohrmuschel aus Knorpelzellen von Rindern gebaut und auf den Rücken einer Maus verpflanzt. An der Universität Yale ist es gelungen, Blutgefäße so nachzubauen, dass sie für Bypässe genutzt werden können. Und aus Japan kam vor kurzem die Nachricht, dass Wissenschaftler aus den Stammzellen von Mäusen sehfähige Augenbecher (eine Entwicklungsstufe in der Ausbildung des Auges) fabriziert haben.[45]

Große Hoffnung setzt diese Forschungsrichtung zudem in 3-D-Drucker. Schon heute können damit drei-dimensionale Objekte aus Kunststoff preiswert und schnell gedruckt werden. An der Cornell-Universität experimentiert man bereits damit, synthetische Herz-klappen mit derartigen Druckern herzustellen. Und in Deutschland arbeitet in der Fortführung dieser Versu-che ein Team um den Stuttgarter Chemiker Günter To-var beispielsweise daran, diese Kunststofforgane so zu bearbeiten, dass sie fest und elastisch werden und dann mit lebendigen Zellen besiedelt werden können. Mit diesem *Bio-Printing* sollen irgendwann einmal Blutgefä-ße aus dem 3-D-Drucker entstehen, die dann einen im Labor gezüchteten – oder vielleicht sogar gedruckten – Herzmuskel mit Blut versorgen.

Noch hört sich all dies utopisch an. Wahrscheinlich ähn-lich irreal, wie wenn man den Menschen am Ende des 19. Jahrhunderts prophezeit hätte, dass sich die durch-schnittliche Lebenserwartung im 20. Jahrhundert mehr als verdoppeln wird. Und doch ist genau das passiert. Die erste sogenannte Sterbetafel wurde in Deutschland 1871 / 1881 erhoben. Damals betrug die Lebenserwar-tung eines gerade geborenen Jungen 35 Jahre und sieben Monate, ein Mädchen konnte mit 38 Jahren und fünf Monaten rechnen.[46]

In den 130 Jahren seither hat sich ihre durchschnitt-liche Lebenserwartung mehr als verdoppelt. Neugebore-ne Jungen konnten laut der Sterbetafel 2007 / 2008 mit 77 Jahren und vier Monaten Lebenszeit rechnen, neuge-borene Mädchen mit 82 Jahren und vier Monaten.

Ein Großteil dieser dramatischen Verdoppelung der Lebenszeit erklärt sich durch die Verringerung der Säuglingssterblichkeit. Im Jahr 1900 starb eines von acht Babys in den Vereinigten Staaten noch vor seinem ersten Geburtstag. Jedes vierte Kind, also 25 Prozent, erlebte seinen fünften Geburtstag nicht.[47] Doch im 20. Jahrhundert gelang es dann, die Säuglingssterblichkeit um 90 Prozent und die der Mütter um 99 Prozent zu reduzieren. In Deutschland verlief die Entwicklung ähnlich. Starben 1970/72 hierzulande rund 20 von 1000 Lebendgeborenen im ersten Jahr, sind es heute nur noch drei.

In den Vereinigten Staaten ist es so gelungen, die Lebenserwartung in einem Jahrhundert um 28 Jahre zu erhöhen. In Deutschland liegt der Wert sogar deutlich höher, wie der Sterbetafel-Vergleich zeigt.

Für die Altersforscherin Laura Carstensen von der Universität Stanford haben die Fortschritte in der Medizin einen ganz erheblichen Anteil an dieser spektakulären Lebensverlängerung, doch das ist es nicht allein. »Die Lebenserwartung hat sich verändert, weil die Menschen ihre Art zu leben verändert haben«, sagt sie[48]. So habe die Urbanisierung die Menschen von den Mühen des Landlebens befreit und durch den besseren Austausch zwischen den Menschen intellektuelles Leben und die folgende Explosion des Wissens überhaupt erst ermöglicht. Mit dem Leben in den Städten aber kamen Seuchen und Mangelernährung, die wiederum durch Hygienemaßnahmen und Erfindungen wie den Kühlschrank oder die Pasteurisierung von Lebensmitteln eingedämmt werden konnten. Carstensen argumentiert, dass die höheren Überlebensquoten bei Babys und Klein-kindern »Hand in Hand mit einem anhaltenden und wachsenden Interesse an besseren Lebensbedingungen für Kinder«[49] gingen. Das aber seien »kulturelle Verände-rungen«, die den medizinischen Landgewinnen deutlich vorauseilten.

»Wenn es noch eines Beweises bedarf, dass derarti-ge Zuwächse in der Lebenserwartung auf die Macht der herrschenden Kultur zurückgehen, liegt er in der trauri-gen Tatsache, dass die Zugewinne sich nicht gleichmäßig über die Welt verteilen«, schreibt Carstensen. So erleb-ten beispielsweise in Sierra Leone noch immer 27 Pro-zent der Kinder ihren fünften Geburtstag nicht – und das, obwohl die Grundlagen heute längst existieren, wie diese Kinder zu retten wären. »Was fehlt, ist nicht das Wissen, es sind Geld und der politische Wille«, schreibt Carstensen – die Mortalitätsrate ist also von soziokultu-rellen, nicht von biologischen Faktoren abhängig.

Dieses Defizit in den Entwicklungsländern im Be-reich der Säuglingssterblichkeit diagnostiziert Cars-tensen gespiegelt auch in den Industrieländern – dort allerdings im Bereich der Hochaltrigkeit. »Statt heraus-zufinden, was Keime sind und wie wir das Trinkwas-ser sicher machen, muss die Wissenschaft nun ein Ge-heimnis entschlüsseln, das bislang unbekannt war – die Hochaltrigkeit.«

Und in der Tat hat sich die medizinische Front bereits auf diese Phase gestürzt, wie die zu Anfang dieses Kapi-tels beschriebenen Forschungen zeigen. Schon jetzt verschieben neue Behandlungsmethoden und Prävention die Sterblichkeit im Alter immer weiter nach hinten.

So hatten 75-jährige Männer im Zeitraum 1970/72 statistisch gesehen noch sieben weitere Lebensjahre[50] zu erwarten. Heute sind es elf. Bei Frauen hat sich die Zahl der weiteren Jahre von acht auf annähernd 13 erhöht. Diese Fortschritte in der Lebenserwartung werden weitergehen. Der renommierte Demografieforscher James Vaupel vom Rostocker Max-Planck-Institut für demografische Forschung hält ein Lebensalter von 120 Jahren für absehbar. »Es gibt kein erkennbares Limit«, sagt er[51].

Eine individuell in den Genen festgeschriebene, natürlich vorbestimmte Lebensspanne des Menschen scheine es nicht zu geben, sagt Vaupel. Zwillingsstudien zeigten zudem, »dass die Chance auf ein langes Leben nur zu etwa 25 Prozent durch die genetische Ausstattung eines Menschen beeinflusst ist«.

Vaupel hält ebenso wie die Altersforscherin Carstensen den »Anstieg im Lebensstandard, eine bessere Ernährung, Fortschritte in der Medizin und in der Gesundheitsversorgung sowie soziale Errungenschaften, wie etwa der erhöhte Zugang der Menschen zu Bildung«, für »ausschlaggebend für den stetigen Anstieg in der Lebenserwartung in der Vergangenheit«. Auch der Rostocker Forscher zieht deshalb das klare Fazit: »Das Altern war und ist beeinflussbar. Die Menschen werden nicht nur immer älter, sondern immer gesünder älter.«

Das aber, so Vaupel, sei »ein deutliches Indiz dafür, dass die Zahl gesunder Lebensjahre wächst. Und um es noch einmal so deutlich wie möglich zu sagen: »Die

Lebenserwartung der Menschen nimmt also zu – nicht weil der Alterungsprozess sich insgesamt verlängert, sondern weil er immer später einsetzt.«[52]

Das hat weitreichende Auswirkungen, die noch nicht mal ansatzweise von Politik, Wissenschaft und Wirtschaft durchdacht sind. Denn zum einen stützen diese Befunde die Forderung nach einem komplett neuen Lebenszyklusmodell: »Angesichts solcher Entwicklungen scheint es wenig sinnvoll, zu leben und zu arbeiten wie bisher: lange Ausbildungszeiten zu Beginn des Lebens, in der Mitte doppelte Belastung durch Familien und Beruf, ab Mitte 60 eine sich immer weiter verlängernde Phase ohne Arbeit«, schreibt Vaupel.

Stattdessen empfiehlt er eine gleichmäßigere Verteilung der Arbeitszeit über alle Lebensstufen: Dann könnten Jüngere in der Familienphase weniger arbeiten und das später im Leben dann kompensieren.

Zum anderen aber entschärft dieser Befund die angebliche Sprengkraft der demografischen Entwicklung für die Sozialsysteme. Wenn wir künftig länger arbeiten und das gesundheitlich auch gut können, lösen sich viele Probleme der umlagefinanzierten Rentenversicherung. Auch die Krankenkassen werden durch die Alterung nicht spürbar zusätzlich belastet, wenn sich die Phase der kranken Jahre nicht ausdehnt, sondern nur nach hinten in die Hochaltrigkeit verlagert (siehe Kapitel 10).

Wir müssen deshalb unbedingt darüber nachdenken, ob die Indikatoren noch taugen, mit denen wir die Alterung statistisch erfassen und auf denen die derzeitigen politischen Entscheidungen aufgebaut sind.

Eine der wichtigsten Quellen für Daten zur Alterung sind die Statistiken der Vereinten Nationen. Sie basieren »auf dem biologischen Lebensalter und deklarieren Menschen spätestens dann als Belastung für die Gesellschaft, wenn sie das 65. Lebensjahr und somit das Rentenalter erreicht haben«, schreiben die Gerontologen Sergei Scherbov und Warren Sanderson[53]. Dies drückt der Altersquotient aus, der die Zahl der über 65-Jährigen in Beziehung zu der Zahl der 15- bis 64-Jährigen setzt. Er nimmt in den Industrieländern aufgrund der Alterung und der sinkenden Geburtenquoten ständig zu und wird in aller Regel als wichtigster Beleg für das Negativ-Szenario der demografischen Entwicklung angegeben.

Doch wenn die Grundthese nicht stimmt, dass ein über 65-Jähriger den Sozialsystemen auf der Tasche liegt, taugt auch der Indikator nichts. Sanderson und Scherbov haben deshalb einen Indikator entwickelt, »der die Anzahl der Personen aller Altersgruppen mit einer ferneren Lebenserwartung von 15 oder weniger Jahren in Relation zur Anzahl aller Personen, welche mindestens 20 Jahre alt sind und eine fernere Lebenserwartung von mehr als 15 Jahren aufweisen«, setzt.

Das klingt kompliziert, ist aber sinnvoll: Die beiden Wissenschaftler gehen davon aus, dass jemand in den verbleibenden 15 Jahren seines Lebens nicht mehr arbeiten möchte, und setzen dies ins Verhältnis zu allen anderen, die im erwerbsfähigen Alter sind und noch mehr als 15 Jahre zu leben haben. Dieses Vorgehen ist auch deshalb vernünftig, weil es die historische Entwicklung des Ruhestandes miteinbezieht.

Als Reichskanzler Otto von Bismarck die Rentenversicherung in Deutschland erfand, erreichte kaum ein Arbeitnehmer die damalige Altersgrenze von 65 Jahren. Erst die Sterbetafeln von 1901/1910[54] verzeichneten für einen 65-jährigen Mann eine weitere durchschnittliche Lebenserwartung von 8,1 Jahren. 1998/2000 lag dieser Wert bereits bei 16 Jahren. Bis zur Mitte des aktuellen Jahrhunderts wird er nach den Prognosen noch einmal deutlich auf 21,6 Jahre zunehmen.

Wird der Altersquotient nun nach der Methode von Sanderson und Scherbov gemessen, ergibt sich ein komplett anderes Bild: Selbst im Jahr 2050 läge die Belastung der Sozialsysteme durch die Alterung nur geringfügig unter dem Status quo des Jahres 2010. Die Belastung geht also zurück, sogar unter den Stand des Jahres 2010.

Noch interessanter ist eine weitere neu entwickelte Maßzahl für die Beziehung zwischen »denen, die Hilfe benötigen, und denjenigen, die diese geben können«. Die beiden Autoren haben sie die »adult disability dependency ration« (ADDR) genannt. Sie arbeitet nicht mit der verbleibenden Lebenszeit, sondern mit der gesundheitlichen Beeinträchtigung als entscheidendem Kriterium. Dabei wird die Zahl aller Erwachsenen, die mindestens 20 Jahre alt und gesundheitlich so beeinträchtigt sind, dass sie Unterstützung brauchen, durch die Zahl derer ohne derartige Handicaps geteilt. Der Grund ist offensichtlich: So bekommt man eine Maßzahl für den Anteil der Gesellschaft, der Unterstützung durch die Sozialsysteme braucht, weil er nicht selbst für sich sorgen kann.

Das Ergebnis ist spannend: Der ADDR wächst in den nächsten vierzig Jahren noch viel langsamer und erreicht bis 2050 zu keinem Zeitpunkt das Niveau, das der heutige Altersquotient hat. »Die Bevölkerung wird zwar älter, aber sie wird gleichzeitig auch gesünder – und diese beiden Effekte heben sich auf«, ziehen die beiden Wissenschaftler als Fazit.

Diese Erkenntnis gilt für alle betrachteten europäischen Länder und die USA. Für Österreich haben die beiden Autoren die Zahlen genau aufgedröselt. So müssten 100 Erwerbstätige zwischen 15 und 64 im Jahr 2048 nach konventioneller Rechenart 55 Rentner finanzieren. Nach den 15 verbleibenden Lebensjahren berechnet, sinkt das Verhältnis auf 100 zu 29.

Benutzt man den Indikator der Hilfsbedürftigkeit, schrumpfen die Abhängigkeiten noch weiter: Dabei kommen dann 18 gesundheitlich beeinträchtigte Personen im Alter von über 20 Jahren auf 100 Gesunde in dieser Altersklasse.

Sanderson und Scherbov fordern deshalb den Abschied von starren Altersquotienten mit fixen Altersgrenzen. Stattdessen müsse die Bevölkerung über die beiden die Alterung beherrschenden Trends besser aufgeklärt werden: Wir leben länger. Und die zusätzlichen Jahre sind in der Regel gesunde Jahre.

Für Deutschland kann man auch sagen, wo die Menschen mit der höchsten Lebenserwartung zu Hause sind. Das ist im beschaulichen Uni-Städtchen Tübingen in Baden-Württemberg. Der Neckar fließt träge vorbei, die Häuser in der Innenstadt sind proper renoviert, die Arbeitslosigkeit so niedrig, dass man von Vollbeschäftigung sprechen kann.

Überall gibt es Fahrradwege, und die vielen Studenten aus aller Welt geben der Kleinstadt im Schwäbischen ein kosmopolitisches Flair. Was ist es, das hier geborene Mädchen und Jungen mit der höchsten Lebenserwartung ausstattet, die Deutschland zu bieten hat?

84,4 Jahre wird ein neugeborenes Mädchen in Tübingen, 79,8 Jahre ein dort auf die Welt gekommener Junge. Damit übertreffen beide die derzeitige durchschnittliche Lebenserwartung in Deutschland um 22 (Mädchen) und 28 (Jungen) Monate.

Noch signifikanter ist der Vergleich mit den Regionen mit den geringsten Lebenserwartungen: Ein neugeborener Junge in Sachsen-Anhalt darf derzeit auf 75 Jahre und drei Monate hoffen, ein Mädchen im Saarland auf 81 Jahre und drei Monate.

»Vielfältig« seien die Gründe für diese regional unterschiedliche Lebenserwartung, sagen die Statistiker. Zwei davon seien jedoch entscheidend: »Je besser der Bildungsstand und die Einkommensverhältnisse, desto niedriger fällt tendenziell die Sterblichkeit aus.«[55]

Niemand hat die Frage nach bestimmenden Faktoren für ein langes Leben so intensiv studiert wie der amerikanische Psychologe Howard Friedman[56] von der University of California und seine Kollegin Leslie Martin. Sie stießen bei ihren Arbeiten auf die längst vergessene Terman-Studie aus den 20er Jahren: Lewis Terman hatte dabei 1500 hochbegabte Kinder befragt, die im Jahr 1921 zehn Jahre alt waren, und bis zu seinem Tod 1956 weiter beobachtet.

Friedman und Martin nahmen sich diese Daten wieder vor und suchten nach denjenigen, die noch am Leben waren, beziehungsweise recherchierten die Umstände des Todes derer, die in der Zwischenzeit gestorben waren. Daraus entstand *The Longevity Project*, die größte Studie über lebenserhaltende Faktoren weltweit.

Ihre Ergebnisse überraschen: Denn es sind nicht die heiteren, unbeschwerten, lebenslustigen Menschen, die am ältesten werden, sondern »vorsichtige Dickbrettbohrer, die gern und viel arbeiten« (*Die Welt*[57]). Friedman formuliert das etwas wissenschaftlicher: »Der beste Indikator in der Kindheit für ein langes Leben ist Achtsamkeit – die Qualitäten einer vorsichtigen, strebsamen, gut organisierten Persönlichkeit, wie beispielsweise ein Wissenschaftler oder Professor, der etwas zwanghaft und überhaupt nicht übermütig und unbekümmert ist.«

Zwanzig Jahre untersuchten beide Autoren mit einem Team von 20 Doktoranden die Lebensläufe der 1500 Testpersonen. Und sie stellten das weit verbreitete Vorurteil auf den Kopf, dass Glücklichsein ein guter Anzeiger dafür ist, ob jemand lange leben wird. Denn Glücklichsein macht nicht gesund, aber Glück und Gesundheit können das Resultat eines umsichtigen, produktiven und nachhaltigen Lebensstils sein.

»Es waren die vorsichtigsten und hartnäckigsten Individuen, die am gesündesten blieben und am längsten
lebten«, sagt Howard Friedman[58]. Sie gingen Gefahren
aus dem Weg, rauchten wenig, tranken nur mäßig und
lebten ein stetiges, aber nachhaltiges Leben. Das schließt
harte und kontinuierliche Arbeit dezidiert mit ein: Wer
sein Leben lang produktiv arbeitet, lebt länger als diejenigen, die es eher ruhig angehen lassen. Verheiratet zu
sein half nur den Männern in der Studie gesundheitlich
weiter. Sie erlebten mit großer Wahrscheinlichkeit ihren 70. Geburtstag, während das von den geschiedenen
Männern nur jeder Dritte tat. Bei Frauen gab es kaum
Unterschiede, was die Autoren darauf zurückführen,
dass sie generell viel achtsamer mit sich selbst und ihrem Körper umgehen.

Sowohl aus diesen Forschungen wie auch aus dem
Longevity Project und den regional so unterschiedlichen
statistischen Daten in Deutschland lässt sich allerdings
eines klar auch für Laien erkennen: Wer nicht krank ist,
hat selbst durch sein eigenes Verhalten den größten Ein-
fluss darauf, wie alt er oder sie potenziell werden kann.
Was aber muss man tun, um glücklich zu sein?

KAPITEL 4

Glücklichsein – Das Beste kommt noch, verspricht uns die Forschung

Heidi hat ihren Wahlspruch gleich mitgeschickt: *Carpe Diem* – genieße den Tag. 52,6 Jahre sei sie jetzt alt, schreibt die Kindergärtnerin, und ja, der 50. Geburtstag habe durchaus etwas in ihrem Leben verändert: »Bin lebensnaher geworden. Das heißt, ich lebe bewusster und sauge das Leben mehr auf.«

Klaus sah seinem 50. »mit Spannung, aber andererseits auch mit Unbehagen entgegen, also mit ziemlich gemischten Gefühlen«. Gefeiert hat er mit allen Freunden ganz groß im Stammlokal, die »größte Geburtstagsfeier in meinem Leben«. Nun, fünf Jahre später, fühlt er sich »wohler als je zuvor« – auch weil »ich den Erwartungen anderer nun nicht mehr unbedingt entsprechen muss. Das bringt mir große innere Freiheit.«

Anne hingegen fand ihren 50. Geburtstag »schlimm«. Drei Jahre später haben sich alle ihre Befürchtungen bewahrheitet, was das »Sich-alt-Fühlen« und den »körperlichen Verfall« angeht. Doch sie sagt auch: »Ich merke

›Weisheit‹, Reife, Gelassenheit und größere Wertschätzung von kleinen Dingen und Menschen.« Sie schaue nun »mehr auf Details, schaue genauer hin im Allgemeinen. Und ich lasse mir nichts mehr gefallen.«

Anne, Klaus und Heidi sind alle bei *feierabend.de* aktiv, der größten Online-Community für Ältere in Deutschland. Sie und viele andere waren bereit, einige Fragen über ihren 50. Geburtstag und die dadurch ausgelösten Veränderungen in ihrem Leben für mich zu beantworten.[59] Nicht alle hatten gute Erinnerungen an diesen Geburtstag, doch in einem waren sich die Antwortenden einig: Sie fühlten sich wohler als früher, es geht ihnen in vielerlei Hinsicht besser.

»Ich weiß, wer ich bin und was mir guttut, und versuche, was mir schadet, zu vermeiden«, schreibt die 57-jährige Maryam. »Ich mache jetzt viel mehr, was mir selbst gefällt, und versuche mich nicht mehr für andere zu verbiegen oder gar aufzuopfern.«

Diese Berichte sind insbesondere für Jüngere verblüffend: Wie kann das sein, fragen sie sich, einer wird 50 und fühlt sich ab dann besser? Obwohl die Älteren dauernd klagen, dass der Rücken wehtut, der Meniskus zwickt und man schon wieder zu langsam war, um die U-Bahn noch zu erwischen?

In der Tat nehmen zwar die körperlichen Gebrechen sowie die kleinen (und großen) Unzulänglichkeiten in der zweiten Lebenshälfte zu. Aber genauso auch das, wonach wir in der ersten Lebenshälfte oft vergeblich gestrebt haben: Glück und Gelassenheit. Und das scheint für den Einzelnen weit wichtiger zu sein.

Das wurde inzwischen auch von vielen Studien über-
prüft, die allesamt zu den gleichen Ergebnissen kommen: Das persönliche Wohlbefinden nimmt im Alter
deutlich zu und erreicht Werte, die weit höher sind als
in der Jugend. Und interessanterweise sind die Menschen
ausgerechnet dann am unglücklichsten, wenn sie nach
herkömmlicher Lesart eigentlich auf dem Höhepunkt
ihrer Kräfte und Karriere sein sollten – in der Dekade
zwischen 40 und 50.

Das ist das Fazit der beiden Wirtschaftsprofessoren
David Blanchflower und Andrew Oswald, die Studien
mit über 500 000 Teilnehmern aus Europa und den USA
zu Rate gezogen haben.[60] Der Tiefpunkt des Wohlbefin-
dens sei in den 40er Jahren, schreiben die beiden. Sie
definieren die Glückskurve als eine »U-Form«. Und diese
Glückskurve »verläuft bei Männern und Frauen und auf
beiden Seiten des Atlantischen Ozeans gleich«.

In der größten bislang vorliegenden Befragung mit
340 847 US-Amerikanern im Jahr 2008 wurde dieser Befund bestätigt. Für diese nutzten der Psychologe Arthur
A. Stone[61] und sein Team regelmäßig stattfindende Te-
lefonumfragen des renommierten Meinungsforschungs-
instituts Gallup, um sich nach dem Gefühlshaushalt der
Befragten zu erkundigen. Wie zufrieden waren sie am
Vortag? Wie gestresst? Waren sie wütend, traurig, glücklich?

Auch hier das gleiche, auf den ersten Blick erstaun-
liche Bild: Wir sind in unserer Jugend keineswegs so
glücklich wie oftmals kolportiert. Ganz im Gegenteil
nimmt unser Wohlbefinden nach 18 sehr deutlich ab,

um zwischen 25 und 35 dann wieder ganz leicht anzusteigen. In den vermeintlich »besten Jahren« zwischen
35 und 50 geht es drastisch nach unten.

Und erst ab 50 Jahren kommt dann unsere glücklichs-
te Zeit. Kontinuierlich steigt unser persönliches Wohlbefinden an – und zwar in Regionen, die wir weder in
der Jugend noch irgendwann in der ersten Lebenshälfte
erlebt haben.

»Die Menschheit macht einen Fehler, wenn sie das
Alter fürchtet«, schreibt der *Economist*[62]: »Das Leben ist
kein langsamer Abstieg von den sonnenbeschienenen
Höhen ins Tal des Todes. Es ist eher ein U-Kurve.« Diese
Kehrtwende zum Besseren ist weltweit zu beobachten.
Sie ist keineswegs ein Wohlstandsphänomen saturierter
westlicher Gesellschaften. Die beiden Wirtschaftspro-
fessoren Blanchflower und Oswald haben sich dazu die
Werte für 72 Länder angesehen.[63, 64]

Zwar variiert der Zeitpunkt, wann sich die Menschen
am schlechtesten fühlen, beträchtlich. »Ukrainer fühlen
sich mit 62 Jahren am schlechtesten, die Schweizer mit
35 – doch in der Mehrzahl der Staaten sind die Menschen
in ihren 40ern und frühen 50ern am unglücklichsten.«

Der globale Glückstiefpunkt ist mit 46, sagen Blanchflower und Oswald. Eine britische Studie mit umgekehr-
ter Fragestellung kommt zum gleichen Schluss, berichtet der *Economist* fasziniert. Als der *British Labour Force
Survey* die Menschen befragte, ob sie traurig und depri-
miert seien, kehrte sich der U-Bogen um: Mit 46 waren
die Befragten am traurigsten, danach wurde es wieder
besser.

Skeptisch, wie der *Economist* als globales Wirtschaftsblatt nun mal ist, drehen und wenden die Autoren die Ergebnisse hin und her: Vielleicht beruhen die Ergebnisse darauf, dass unglückliche Menschen früher sterben? Oder sie beruhen auf Generationenerlebnissen wie beispielsweise dem Zweiten Weltkrieg? Oder der Tatsache, dass Ältere einfach reicher sind?

Doch nach der Überprüfung aller möglichen Gegenthesen bleibt den Autoren nur, Folgendes zu konstatieren: Selbst nachdem die Studienergebnisse nach Faktoren wie Geld, Berufsstatus, Kinder oder Herkunft kontrolliert wurden – es bleibt beim U-Bogen, bei der Kehrtwende zum Besseren. »Also beruht die Zunahme an Glücksgefühl nach der Misere des mittleren Alters nicht auf externen Umständen, sondern es ist der Mensch selbst, der sich ändert.«

Was also ist es, das uns in der zweiten Lebenshälfte glücklicher werden lässt? »Wir gehen immer sicherer durchs Leben«, sagt der Mediziner Peter Ubel[65] von der University of Michigan in Ann Arbor, »werden weiser und fühlen uns besser«.

Auch der 1940 geborene Hirnforscher Ernst Pöppel ist sich sicher, dass Älterwerden glücklich macht. Er sieht darin »eine Riesenchance, das Leben neu zu gestalten«[66]. Der Hirnforscher meint das durchaus umfassend, denn für ihn ist das Altern auch mit einem Perspektivwechsel verbunden, der dem Einzelnen erlaubt, neue Rollen auszuprobieren. Ältere seien glücklicher, weil »wir akzeptieren können, dass wir manchmal scheitern.

Weil wir Dinge mit mehr Humor betrachten können. Weil wir die Verkniffenheit des irdischen Seins etwas zurücknehmen.«

Die Altersforscherin Laura Carstensen beschreibt das mit dem Begriff der *socioemotional selectivity*, sehr grob übersetzt also der Vielfältigkeit der Wahlmöglichkeiten aufgrund unserer sozialen und emotionalen Lebenserfahrungen. »Wenn wir jung sind, scheinen wir alle Zeit der Welt zu haben«, schreibt die Wissenschaftlerin. »Wir treffen Entscheidungen, von denen wir hoffen, dass sie unser soziales Umfeld vergrößern, unseren Blick auf die Welt weiten und uns die Erfahrungen und Ressourcen verschaffen, die wir für ein gelungenes Leben in einer komplexen Gesellschaft brauchen.«[67]

Je älter wir aber werden, desto stärker wählen wir aus, was wir wirklich wollen. »Man beginnt sich auf das große Ganze zu konzentrieren und viele der eher banalen zwischenmenschlichen Probleme zu ignorieren, die in den Zwanzigern und Dreißigern so wichtig schienen«, so Carstensen. Diese »sozioemotionale Wahl« geht ihrer Ansicht nach nicht nur auf den Effekt des Alterns zurück. »Es kann durch alles Mögliche ausgelöst werden, was uns die Endlichkeit und Zerbrechlichkeit des Lebens vor Augen führt«, schreibt Carstensen. Globale Katastrophen wie die Al-Qaida-Attacken am 11. September 2001 beispielsweise oder der Tsunami in Asien am 26. Dezember 2006. Aber natürlich auch persönlich erlittenes Unglück wie Krankheiten oder Todesfälle in der Familie oder im unmittelbaren Freundeskreis.

Je deutlicher Menschen die Endlichkeit des Lebens

ist, desto bewusster leben sie. »Viele konzentrieren sich auf die positiven Seiten des Lebens und schenken den negativen Seiten weniger Beachtung«, sagt Carstensen.

Das ist die positive Sichtweise des Alters. Im heutigen Alltag allerdings dominiert noch fast immer die negative Sichtweise. »Wie angenehm ist das Leben«, zitiert der *Economist* in seiner ansonsten eher positiv gestimmten Altersgeschichte den US-Philosophen William James, »wenn wir aufhören, jung sein zu wollen – oder schlank.« Und gibt gleich noch eins drauf mit einer Anekdote aus einer Erzählung von Edna Ferber: »Eine alte Jungfer zu sein ist wie der Tod durch Ertrinken, es ist wirklich angenehm, sobald man aufhört, dagegen anzukämpfen.«

Dabei haben Menschen in der zweiten Lebenshälfte oft noch negativere Ansichten über das Altern als Junge, haben Mary Kite und Blair Johnson[68] herausgefunden. Besonders deutlich waren die Vorurteile, was die körperliche Attraktivität und die geistige Kompetenz von Älteren angeht. Beunruhigend ist, dass die meisten dieser negativen Typisierungen unbewusst vorgenommen werden. Das macht es schwer, dagegen anzugehen.

Dass gilt ganz besonders für das Wort »Altern« selbst. Im Prinzip altern wir von der Sekunde an, in der wir geboren werden. Doch das Altern von Kleinkindern und Jugendlichen bezeichnen wir als »Entwicklung« – einen Begriff, den wir Älteren nicht zugestehen. »Wer sich in seinem späteren Leben verändert, muss regelrecht gegen vorgegebene Meinungen ankämpfen, damit diese Veränderung als ›Entwicklung‹ und ›Wachsen‹ anerkannt wird«, kritisiert die Harvard-Medizinerin Ellen Langer[69]. Für sie »überwiegen die negativen Stereotype über das Alter derzeit ganz eindeutig«.

Langer beschreibt einen 80-Jährigen, der sich unglaublich darüber aufregt, nicht mehr so gut Tennis spielen zu können wie früher. Sie fragt sich, ob sein Problem nicht eher darin liegt, dass er versucht, genauso zu spielen wie früher – und zieht den Vergleich zu zwei jungen Tennisspielerinnen, die unterschiedlich groß sind und deshalb ganz natürlich einen unterschiedlichen Stil haben. Sie wissen intuitiv, dass jede von ihnen andere Vorzüge und Nachteile hat, und verhalten sich dementsprechend.

Doch dem Alter werden derartige Entwicklungs- und Differenzierungsmöglichkeiten nicht zugestanden – und zwar aufgrund unserer grundsätzlich negativen Einstellung dem Alter gegenüber. Weil wir die These so sehr verinnerlicht haben, dass Altern ein Prozess des Verfalls ist, kommen wir gar nicht auf die Idee, nach unseren Stärken im Alter zu suchen. Und schon gar nicht gelingt es uns, diese neu entdeckten Stärken als das zu sehen, was sie sind – eine positive Weiterentwicklung unseres Ichs. Wenn überhaupt, akzeptieren wir das nur als Kompensation für Verlorenes nach dem Motto: »Wenn ich es auf die alte Art nicht mehr machen kann, dann bekomme ich es nun auf diese Weise wenigstens hin.«

Wie anders aber wäre die Lage – und unser Selbstwertgefühl –, wenn wir stattdessen sagen würden: »Toll, ich habe entdeckt, dass ich das auch ganz anders machen kann – und so ist es viel besser und macht mehr Spaß.«

Wie schade! Wie unnötig! Welche Verschleuderung von Potenzial! Dass es auch anders geht, zeigen uns weise Alte wie der Pianist Arthur Rubinstein. Er wusste, dass er viele Stücke nicht mehr so schnell spielen konnte wie früher. Vor besonders komplizierten Passagen griff er nun zu dem Stilmittel, den vorhergehenden Teil besonders langsam zu spielen. So schuf er »einen eindrucksvolleren Kontrast«, zitiert die Journalistin Barbara Strauch den Entwicklungspsychologen Neil Charness[70].

Niemand wäre auf die Idee gekommen, diese innovative Spielweise mit dem – negativ besetzten – »Alter« des weltberühmten Pianisten in Verbindung zu bringen. Stattdessen wurde zu Recht von seiner – positiv besetzten – »Erfahrung« geschwärmt.

Viele der negativen Folgen des Alters haben mit den Vorurteilen zu tun, die wir unbewusst haben. Die Psychologen haben eine Methode gefunden, diese Stereotype auszutesten. Das Verfahren dazu heißt *Priming* oder »Bahnung von Reizen«: Überwiegend unbewusst wird dabei eine Art mentaler Spurbahn angelegt, mit der die folgenden Sinnesreize beeinflusst werden. Die Probanden bekommen vor dem Start des eigentlichen Tests bestimmte Wörter oder Bilder gezeigt, die im Gehirn dann unbewusst diese erwünschte Spur legen. Sie werden »geprimt«, dem im Test folgenden Reiz wird eine Bahn gelegt.

In einer Studie von Becca Levy[71] und Kollegen sollten

die Versuchspersonen beispielsweise einen Mathe-Test und einen verbalen Test machen. Eine Gruppe wurde vorher mit positiven Begrifflichkeiten wie »wach, kreativ, weise« geprimt, die andere mit negativen Begriffen wie »alt, dement, abhängig, inkompetent«. Wie erwartet, zeigte diese zweite Gruppe deutlich mehr Stresssymptome wie beispielsweise einen höheren Blutdruck.

Altersstereotypes Priming beeinflusst auch körperliche Leistungen. In einer Studie[72] wurde beispielsweise die Zeit gemessen, die Testpersonen brauchen, um von einem Stuhl aufzustehen. So wollten die Wissenschaftler das Gleichgewichtsgefühl der Probanden testen. Ein Teil der Gruppe wurde vorher mit Begriffen geprimt, die allgemein mit dem Alter in Verbindung gebracht werden. Und in der Tat brauchte diese Gruppe mehr Zeit, um vom Stuhl aufzustehen – obwohl sie in ihrer Altersmischung identisch zu der Gruppe war, die positiv geprimt wurde.

Mit negativen Stereotypen über das Alter kann man sogar Junge zu Verhalten bewegen, das üblicherweise mit dem Alter in Verbindung gebracht wird. So wurde in einem anderen Priming-Experiment die Schrittgeschwindigkeit gemessen, dieses Mal ausschließlich bei jungen Probanden. Auch hier zeigte sich die Sprengkraft des Unbewussten: Junge, die negativ aufs Alter geprimt wurden, gingen deutlich langsamer als die Gruppe, die neutral geprimt wurde.

Diese Priming-Experimente können jedoch auch umgedreht werden. Dann wird es spannend: Denn genauso wie es die Kraft der negativen Gedanken gibt, gibt es die

Kraft der positiven Gedanken. Welch ungeheurer Schub gerade für ein modernes Altersbild davon ausgehen kann, zeigt ein faszinierendes Experiment, das schon über dreißig Jahre alt ist.

Im Jahr 1979 schickte die Wissenschaftlerin Ellen Langer je eine Gruppe von Männern im Alter zwischen Ende 70 und Anfang 80 auf eine Zeitreise. Für eine Woche lebten sie in einer Umgebung, wie sie zwanzig Jahre zuvor existierte. Die eine Gruppe tat so, als wäre es tatsächlich 1959. Sie sollten alles vergessen, was später passiert war. Die andere Gruppe sollte sich nur daran erinnern, wie ihr Leben vor zwanzig Jahren war.

Die Unterschiede waren dramatisch. Bei den Männern der ersten Gruppe konnte der Alterungsprozess deutlich zurückgedreht werden: Sie fühlten sich jünger. Und allein dadurch schnitten sie bei Intelligenztests messbar besser ab, konnten ihre Gelenke besser bewegen, waren gesünder. Sie waren tatsächlich – wie es das Sprichwort sagt – so jung, wie sie sich fühlten.

Durch einfaches Muskeltraining kann man gerade bei Hochaltrigen überwältigende Verbesserungen im Körpergefühl, aber auch in der Selbstwahrnehmung erreichen. Bislang aber habe sich die Forschung zu sehr auf die Defizite des Alterns konzentriert, sagt Ulrike Tischer[73], wissenschaftliche Mitarbeiterin an der Deutschen Sporthochschule Köln. Dies ändere sich langsam: »Nun wird stattdessen ein Plastizitätskonzept angewandt. Dieses betont die Anpassungs- und Lernleistungen, die auch im Alter möglich sind.«

Und die sind beträchtlich. Nicht unsere körperlichen Veränderungen sind es, die uns im Alter begrenzen, sondern vor allem unsere Einstellungen und Erwartungen. »Das Alter beginnt im Kopf«, sagt die Bremer Altersforscherin Ursula Staudinger[74] zu Recht.

Diese These lässt sich leicht testen, wenn Sie an ein Dutzend beliebig ausgewählte ältere Bekannte denken. Wer von ihnen klagt ständig über alles und jedes, die eigene Gesundheit eingeschlossen? Und wer von ihnen macht einen zufriedenen Eindruck, obwohl auch hier diverse Gebrechen zu beklagen wären? Fragen Sie die Betreffenden nach ihrem jeweiligen Bild vom Alter.

Unser Bild vom Alter ist der Schlüssel dazu, wie wir altern. Es ist die Erklärung dafür, warum so viele Ältere sich weit glücklicher fühlen als in ihrer Jugend. Sie haben für sich selbst ihr Altersbild geändert.

Dabei haben sie einen mächtigen Helfer – ihr Gehirn. Dass das wichtigste Organ im menschlichen Körper im Alter anders arbeitet als in der Jugend, ist inzwischen wissenschaftlich unstrittig. Die neuere Gehirnforschung hält dabei außerordentlich faszinierende Erkenntnisse bereit, die uns helfen werden, besser alt zu werden.

Manche, wie der renommierte Hirnforscher Ernst Pöppel von der Münchner Ludwig-Maximilians-Universität, versprechen uns sogar, dass unser Gehirn umso besser wird, je älter es wird.

KAPITEL 5

Neues Lernen – Warum das Gehirn unser bester Helfer ist

Der Patient ging als H.H. in die Medizingeschichte ein. Ein älterer Herr, freundlich, korrekt gekleidet. Nach einem Schlaganfall konnte er nichts mehr sehen. Seine Augen waren gesund. Doch der Teil seines Gehirns, in dem optische Informationen verarbeitet wurden, war geschädigt. Sein Gesichtsfeld entsprach einem Tunnel, links und rechts war nur schwarze Leere.

Der Psychologe und Gehirnforscher Ernst Pöppel wusste, dass selbst nach einem Schlaganfall neue Nervenzellen nachwachsen können. Dies wollte er bei H.H. mit hartem Training stimulieren. Dafür musste der Patient über Monate hinweg einen bestimmten Punkt anstarren, ohne die Augen zu bewegen. Erst wenn er richtig erschöpft war, durfte er aufhören. Das war das zentrale Element der Übung und entspricht dem Muster, wie Muskelzellen wachsen: Erst wenn sie am Rand ihrer Leistungsfähigkeit sind, werden sie so stimuliert, dass sie sich weiterentwickeln.

Drei Wochen geschah nichts, dann erweiterte sich das Gesichtsfeld des Patienten. Ganz langsam, aber spürbar. Doch als H.H. die anstrengenden Übungen zu Hause fortsetzen sollte, gab er irgendwann auf. Alle Fortschritte waren dahin, der alte Tunnelblick wieder da.

Für den Professor für Medizinische Psychologie an der Münchner Ludwig-Maximilians-Universität war damit dennoch bewiesen, wie sehr Training beim Fithalten des Gehirns helfen kann. Offensichtlich verhalten sich die Neuronen, also die Nervenzellen, hier nicht anders als die Muskelzellen in unserem Körper.

Denn was für Kranke gilt, funktioniert auch bei Gesunden. »Der Fall H.H. hat zu neuen Erkenntnissen in der Lerntheorie geführt, nämlich dass das Gehirn lebenslang dazu fähig ist, die Effizienz der Zusammenarbeit zwischen seinen Abermilliarden Nervenzellen zu verbessern und zwischen ihnen möglicherweise auch neue Verbindungen aufzubauen«, schreibt Pöppel[75]. Aus diesen Erkenntnissen leitete sich das inzwischen unumstrittene »Prinzip der neuronalen Plastizität« her: Nervenzellen können so stimuliert werden, dass sie neue Aufgaben übernehmen und dadurch Verletzungen oder Ausfälle in unterschiedlichen Gehirnarealen ausgleichen.

Lernen ist also auch im Alter möglich. Alle, die sich wissenschaftlich mit dem Gehirn beschäftigen, wissen das seit einigen Dekaden. Mit bildgebenden Verfahren wie der Magnetresonanztomographie (MRT) und der Computertomographie (CT) kann dies nun auch grafisch dargestellt werden. Hirnbereiche, die durch Lernen stimuliert werden, werden dichter, die dortigen Nervenzellen knüpfen neue Verbindungen.

Doch in der breiteren Öffentlichkeit dürfte noch immer der dumme Spruch »Was Hänschen nicht lernt, lernt Hans nimmermehr« bekannter sein. Er ist ein weiteres Beispiel für unser stereotypes, überwiegend negatives und vor allem falsches Altersbild.

Ein wenig Kreuzworträtsel lösen hier oder da hilft allerdings nichts: Damit sich neue Verschaltungen zwischen den Neuronen ergeben und der Mensch lernt, muss in einer Übungseinheit so lange trainiert werden, bis die Leistung merklich nachlässt. Erst dann ist das Gehirn am Rande seiner Leistungsfähigkeit angelangt, oder wie Pöppel sagt, es wird »in Existenznot zum Aufbau neuer Substanz animiert«[76].

Das Gehirn lässt sich mit vielerlei Aktivitäten trainieren, wie der Hirnforscher betont, der lange an den Max-Planck-Instituten für Verhaltensphysiologie und für Psychiatrie gearbeitet hat und Mitglied der Nationalen Akademie der Wissenschaften Leopoldina ist. Er empfiehlt zum Beispiel Lyrik und Sport – zumindest denjenigen, denen das auch Spaß macht. Alle anderen sollten sich etwas anderes suchen, was sie fasziniert. Denn Lernen um des Lernens willens funktioniere nicht und im Alter schon gleich gar nicht.

Lernen kann man nur, wenn man ein Ziel hat. Pöppel zitiert den bekannten Spruch: »Wer vom Ziel nichts weiß, kann den Weg nicht finden.« Das sei auch das Prinzip des Gehirns, »das sich nur anstrengt, wenn es einen Sinn dahinter sieht«. Beim zielgerichteten Lernen produziert das Gehirn vermehrt sogenannte Botenstoffe in den Gehirnarealen, die mit »dem Gefühl der Belohnung und der Befriedigung zu tun haben«.

Für Pöppel ist klar, dass das Gehirn gefordert werden will. »Wir sind zu Aktivität geradezu eingeladen und zum Entscheiden geboren«, sagt er. »Wenn ich nur in Trägheit versinke, verfällt nicht nur meine Muskulatur, sondern auch mein Gehirn.«[77]

»Use it or lose it«,[78] lautet der schöne Spruch, den die englische Sprache für diesen Zusammenhang bereithält. Der Neurophysiologe Gene D. Cohen zitiert ihn in seinem Standardwerk *The Mature Mind*[79], um auf diesen Gleichklang zwischen den normalen Muskeln und dem »Gehirnmuskel« hinzuweisen: Beide müssen trainiert werden, sonst verlieren sie an Leistungsfähigkeit.

Nicht nur das Gehirn, auch unsere Persönlichkeit, unsere Kreativität und die Art und Weise, wie wir uns selbst sehen, kann sich so über die gesamte Lebensspanne weiterentwickeln. Auch das ist eine relativ »junge« Erkenntnis der Forschung, wie der langjährige Direktor des *Center on Aging, Health & Humanities* der George-Washington-Universität berichtet. »Bis weit ins 20. Jahrhundert hinein wurde die psychologische Entwicklung in der zweiten Lebenshälfte kaum erforscht«, schreibt Cohen[80]. Da, wo dies doch geschah, seien oft die falschen Schlüsse gezogen worden, kritisiert der Gehirnforscher. Als Beleg führt er die Überzeugung Sigmund Freuds an, dass mit ungefähr 50 Jahren die Elastizität der mentalen Prozesse, an denen eine Therapie ansetze, zurückgehen würde.

Ironischerweise sei Freud 51 Jahre alt gewesen, als er dies geschrieben habe, wundert sich Cohen. Doch Freud sei leider nicht der einzige »Pionier gewesen, der die falschen Schlüsse über das Altern gezogen hat«, so Cohen. Auch Jean Piaget sei der Auffassung gewesen, dass die kognitive Entwicklung »im jugendlichen Erwachsenenstadium endet und dann eine langsame Erosion beginnt«. Selbst der für die Entwicklungspsychologie außerordentlich wichtige Wissenschaftler Erik H. Erikson hätte das Alter weitgehend ignoriert.

Mir scheint dieser Hintergrund wichtig, um zu verstehen, warum wir uns so schwertun, unsere Bilder vom Altern zu revidieren. Offensichtlich herrschte auch in der Wissenschaft den größten Teil des 20. Jahrhunderts das Paradigma, dass es sich nicht lohnt, sich mit dem alternden Gehirn zu beschäftigen.

Dass die Forschung seit den 1980er Jahren des vergangenen Jahrhunderts dieses Paradigma widerlegt hat und die Forschung an dem älteren Gehirn inzwischen zu einem der heißesten Wissenschaftsbereiche überhaupt geworden ist, ist sehr zu begrüßen. Doch die neu gewonnenen Erkenntnisse über die auch im Alter anhaltende Formbarkeit des Gehirns in der breiten Öffentlichkeit durchzusetzen, wird wohl noch viel Aufklärungsarbeit erfordern.

So lautet eines der gängigen Vorurteile, dass ältere Gehirne langsamer sind als jünger. Dafür aber seien Ältere durch den erworbenen Wissensschatz oft präziser in ihren Lösungen, wird dann meist tröstend hinterhergeschoben.

Die Psychologieprofessoren Roger Ratcliff[81] und Gail McKoon von der Ohio State University haben nun die These entwickelt, dass dies möglicherweise miteinander zu tun haben könnte. Ihre Forschungen weisen darauf hin, dass »die langsamere Reaktion eine bewusste Entscheidung« der Älteren sei, denen »Genauigkeit wichtiger ist als Schnelligkeit«. Dabei haben sie bei den üblichen Gehirntests sowohl die Schnelligkeit als auch die Genauigkeit als entscheidende Variable mit aufgenommen. In vielen Forschungsarbeiten wird bestätigt, dass Ältere in puncto Genauigkeit bei Gehirntests genauso gut wie oder besser als Jüngere abschneiden, aber dabei langsamer sind.

Insofern bestätigen sie erst einmal das Vorurteil, folgen aber nicht der negativen, das Defizitäre betonenden Bewertung: Die etwas langsamere Reaktionszeit von Älteren lässt sich auch als ein Vorteil begreifen, weil sie zu präziseren Ergebnissen führt.

Als die Forscher die älteren Probanden nun baten, sich bei den Tests zu beeilen, also die Schnelligkeit in ihre Überlegungen mit einzubeziehen, gingen ihre diesbezüglichen Werte nach oben. »Viele Menschen glauben, dass es ganz natürlich sei, dass die Leistungen älterer Gehirne zurückgehen, doch das stimmt nicht immer«, fasst Roger Ratcliff seine Studien zusammen. In vielen Situationen seien »die Reaktionszeiten von 70-Jährigen ganz ähnlich wie die von 25-Jährigen«.

Was Ältere den Jüngeren auf jeden Fall voraushaben, ist die »kristalline Intelligenz«. Der Nestor der deutschen Gerontologie, Paul B. Baltes, hat diesen Begriff geprägt.

Er beschreibt einen durch die Erfahrung eines langen Lebens erworbenen Wissensschatz, der kontinuierlich anwächst und Älteren dabei hilft, Probleme auf besonders kreative – und oft innovative – Weise zu lösen.

Gene Cohen erzählt dazu die Geschichte[82] seiner Schwiegereltern Howard und Gisele Miller, die ihn und seine Frau in der US-amerikanischen Hauptstadt Washington D.C. zum Abendessen besuchen wollten. Als die beiden aus der U-Bahn-Station kamen, hatte ein dichtes Schneetreiben eingesetzt. Alle Taxis waren besetzt. Sowohl Gene als auch seine Frau steckten im Stau und konnten die beiden Gäste nicht an der U-Bahn abholen. Da fiel Howard, der ebenso wie seine Frau damals in den Siebzigern war, der Pizzaladen um die Ecke auf. Wie überall in den USA lieferte er auch aus. Beide traten ein und bestellten eine große Pizza an die Adresse ihrer Tochter. Dann sagte Howard: »Ach, da ist noch eine Kleinigkeit.« – »Und die wäre?«, fragte der Mann an der Kasse. »Sie müssen uns gemeinsam mit der Pizza an der Adresse abliefern«, sagte Howard.

Für den Gehirnwissenschaftler Cohen zeigt diese Anekdote perfekt »die agile Kreativität eines älteren Gehirns«. Natürlich könne auch ein Jüngerer auf die Lösung kommen, eine Pizza zu bestellen und den Boten als Taxi zu nutzen. »Doch nach meiner Berufserfahrung beruht diese Art des Querdenkens auf lebenslanger Erfahrung, die mit dem Alter immer mehr zunimmt,« sagt Cohen. Es ist genau die Art von kristalliner Intelligenz, die Baltes beschrieben hat: Unsere Lebenserfahrung erlaubt uns, im Alter auf eine Vielzahl von Lösungsstrategien zurückzugreifen – und eben auch aus diesen unterbewussten Erfahrungsschätzen neue, kreative Lösungsstrategien zu entwickeln.

Hinzu kommt, dass die in jüngeren Jahren sehr große Angst, sich zu blamieren, bei Älteren klar abnimmt. Dass Ältere sich weniger um die Meinung der anderen scheren, zeigen auch die Antworten der Community-Mitglieder von *feierabend.de* sehr deutlich. Denn darum geht es, wenn Klaus dort sagt, er müsse »den Lebenserwartungen anderer nun nicht mehr unbedingt entsprechen«[83], oder wenn Anne stolz berichtet, sie lasse sich nicht mehr alles gefallen. Und Maryam schreibt, sie wisse nun, »wer ich bin und was mir guttut«.

Dieses Bewusstsein führt zu einem »neuen Gefühl der inneren Freiheit, zu Selbstvertrauen und Befreiung von sozialen Normen, die uns ermöglichen, mutige und kreative Lösungen zu finden«, sagt der Mediziner Cohen[84].

Die *New-York-Times*-Redakteurin Barbara Strauch hat eigens ein Buch über das »erwachsene Gehirn« geschrieben und sich dafür die neuesten Forschungsergebnisse angesehen. Auch sie weist darauf hin, dass dieser Aspekt erst seit kurzem erforscht wird. Die vorherrschende Sicht sei bislang gewesen, dass ein »Gehirn im mittleren Lebensalter mehr oder weniger ein junges Gehirn ist, das nach und nach seinen Geist aufgibt«.[85] Doch ganz im Gegenteil stellt sich nun heraus, dass gerade die Zeit zwischen 40 und 70 entscheidend dafür ist, wie sich unser Gehirn dann in der Phase der Hochaltrigkeit entwickeln wird. »Das mittlere Lebensalter ist für unser Gehirn viel wichtiger, als man sich früher hätte träumen lassen. In diesem Alter stehen wir am Scheideweg. Was wir in dieser Phase tun, bestimmt darüber, wie die nächste Station, das ›hohe Alter‹, aussehen wird«, schreibt Strauch[86].

Das Gehirn im mittleren Alter ist also ein »Gehirn auf der Kippe«, wie es die Journalistin Manuela Lenzen in einer Rezension des Strauch-Buchs beschreibt: »Was wir im mittleren Alter tun, wird erhebliche Auswirkungen auf unsere kognitive Leistungsfähigkeit im hohen Alter haben.«[87] Dabei gehe es »nicht um Medikamente, sondern um die Lebensweise: Nur Aufgaben, die uns höchste Konzentration abverlangen, lassen uns im höheren Alter bei Kognitionstests besser abschneiden.« Sudoku bringt nichts, das Gehirn muss gepiesackt werden.

Mit dieser Aussicht auf unbequeme Anstrengungen, aber auch auf gute Erfolge sind wir wieder bei der Therapie, mit der Gehirnforscher Pöppel schon vor vielen Jahren seinem Patienten H. H. zum Sehen verhelfen wollte: trainieren, bis es weh tut. Der Muskel »Gehirn« muss so lange stimuliert werden, bis es an die Grenze geht.

Pöppel selbst hat Spaß an Gedichten und trainiert sein Gehirn damit. Er spricht sie laut, um die Sprachmelodie zu erfahren. Er spielt Squash – und seit einiger Zeit auch Golf. Denn Golf sei die schwierigste Sportart überhaupt und gerade dort gebe es sehr viel zu lernen. Prinzipiell aber sei es egal, was man lerne. Entscheidend sei, dass man es tue. Und dass man es richtig tut, wie Pöppel schreibt: »Wichtig ist – und dies mag paradox klingen –, dass Sie sich so lange anstrengen, bis das Lernen schwerer fällt. Wenn diese Ermüdung auftritt, haben Sie sich

Ruhe verdient. Jetzt können Sie sowieso nichts mehr erzwingen. Ruhen Sie sich also aus, oder beschäftigen Sie sich mit irgendetwas anderem – und lassen Sie Ihr Gehirn ungestört weiterarbeiten, denn das tut es, sogar im Schlaf.«[88] Der Tiefschlaf ist tatsächlich wichtig für das Lernen. Das alte Sprichwort vom »im Schlafe lernen« stimmt also tatsächlich. Wenn die Fingerübung auf dem Klavier am nächsten Tag dann plötzlich so viel leichter fällt, war das harte Training erfolgreich.

Auch körperliche Aktivitäten können den Lernprozess fördern, hält Ernst Pöppel fest, denn Koordination, Entscheidungsfreude, Schnelligkeit, Taktik, dies alles sind auch komplizierte mentale Vorgänge, die sich beim Sport trainieren lassen. Am *Brain Imaging, Behaviour & Aging Laboratory* der Universität von Arizona wurde dies kürzlich auch mit Hilfe von Gehirnscans bildlich nachgewiesen. Dabei wurde die Fitness von 58 Männern und 65 Frauen zwischen 50 und 89 Jahren mit Hilfe eines Laufbandes gemessen und mit ihren Gehirnscans in Verbindung gebracht.

»Wer körperlich fit ist, dessen Gehirn altert langsamer«, sagt Gene Alexander[89], der Autor der Studie. Je besser trainiert die Probanden waren, desto weniger altersbedingte Änderungen zeigte ihr Gehirn. Insbesondere die Ausdauerwerte und die Atemeffizienz der Probanden erwiesen sich dabei als die besten Anzeiger für die (geringere) Gehirnalterung. Wer fitter war, schlug die anderen Kandidaten zudem bei Tests, in denen Gedächtnisfunktion und die Verarbeitung von Informationen gemessen wurden.

Eigentlich ist es wenig überraschend und kann doch nicht oft genug wiederholt werden: Wir können unserem Gehirn beim Altern helfen, indem wir körperlich fit bleiben und immer auf der Suche nach Neuem sind, das wir lernen können. Und unser Gehirn hilft uns beim Altern, indem es noch weit stärker als in der Jugend Wichtiges von Unwichtigem trennt, neue Zusammenhänge schafft und uns so kreative Lösungen finden lässt.

Sind das nicht die besten Voraussetzungen, noch einmal etwas ganz Neues in der zweiten Lebenshälfte anzufangen?

KAPITEL 6

Noch mal was anderes machen – Wie man eine neue Karriere beginnt und damit zum Trendsetter wird

Cindy Joseph[90] war 49, als sie beschloss, etwas Neues anzufangen. Die Make-up-Künstlerin hörte auf, sich die Haare zu färben, und buchte eine Auszeit in Colorado, um über die neue Lebensetappe nachzudenken.

Kurz vor der Abreise wurde die New Yorkerin auf der Straße angesprochen. Ob sie sich vorstellen könne, für das italienische Modelabel *Dolce & Gabbana* zu modeln? »Sie wollten mein silbergraues Haar«, erinnert sich Joseph, »ich hätte all die Jobs nicht bekommen ohne meine silbergrauen Haare.«

Für die sympathische Frau mit den schulterlangen Locken war dies der Start zu einer zweiten Karriere, die auch deshalb umso erstaunlicher ist, weil sie bereits über 25 Jahre im Zentrum des Model-Business gearbeitet hatte. Als Visagistin saßen Starmodels wie Cindy Crawford oder Naomi Campbell bei ihr in der Maske. Joseph ist vor kurzem 60 Jahre alt geworden und hat noch immer volle Auftragsbücher. »Ich habe bislang fast keine ›Altenprodukte‹ gemacht«, sagt sie. »Meine Generation und auch diejenigen, die schon etwas älter sind, leben heute ein vitales und leidenschaftliches Leben. Sie laufen Marathon und werden Yogalehrer. Wir leben so, wie wir immer gelebt haben.« Auch Joseph erinnert sich noch daran, wie sie in ihren Vierzigern vor dem 50. Geburtstag gebangt hatte, immer in der Furcht, »dass alles schlechter wird«. Doch Pustekuchen: »Das Leben ist stattdessen immer interessanter geworden.«

Die Trendsetterin Cindy Joseph ist eine von inzwischen rund neun Millionen US-Amerikanern, die nach 40 eine zweite Karriere beginnen. Marc Freedman hat dafür den Begriff der »Encore-Karriere« geprägt. Andere nennen es »Karriere 2.0« oder »Life-Take-2«. Auf Cindy Joseph bin ich gestoßen, als ich mir die Webseite *SecondAct*[91] angesehen haben, der »zweite Akt«.

Sie ist voll mit Geschichten über Midlife-Boomer, die etwas Neues angefangen haben. Chefredakteurin Donna Wares[92] beschreibt das »Mantra« der im Frühjahr 2010 gegründeten Webseite wie folgt: »Jeder verdient die Chance, seine Träume zu finden. Eure ersten 40 Jahre waren vielleicht erfolgreich. Doch die nächsten 40 können noch viel besser werden.«

Wie auch schon *HuffPo50* oder das britische Internetportal *High50* zelebriert *SecondAct* die zweite Karriere regelrecht. Wer sich darauf einlässt, wird gefeiert wie ein Held. Eine Geschichte ist positiver als die nächste. *SecondAct* hat sich im vergangenen Winter sogar die

Best Second Act Awards ausgedacht, also Auszeichnungen für die interessantesten Zweitkarrieren. Über acht Tage hinweg wurden jeden Tag immer neue Sieger und weitere Platzierte präsentiert. Die Kategorien, die *SecondAct* dazu erfunden hat, scheinen eher zufällig und von dem Ziel getrieben, das Thema möglichst groß und prominent aufzuziehen. So gibt es die Kategorien Sport; Stars; Kreative; Comeback; Vorbilder; Menschen, die etwas bewegen; Sich-neu-Erfinder und Innovatoren.

Wer wo was warum gewinnt, ist letztendlich gar nicht so wichtig. Entscheidend scheint mir zu sein, dass sich sowohl in den USA als auch in Großbritannien viele aufgemacht haben, nicht mehr still und leise mit den angeblichen Nachteilen des Alters zu hadern, sondern laut und offensiv ihre Entwürfe für das neue Altern zu präsentieren.

Das fehlt in Deutschland. Als die beiden Journalistinnen Ulrike Herrmann und Martina Wittneben[93] 2008 zwölf Porträts von älteren Menschen vorlegten, die »Neues wagen«, konstatierten sie enttäuscht: »Es ist ein stiller Aufbruch. Die Älteren suchen individuell nach dem jeweils passenden Experiment und drängen ihre Erfahrungen der Gesellschaft nicht auf.«

Wie treffend beobachtet! Und wie deprimierend: Es gibt keinen Grund, Neustarts geheim zu halten. Ganz egal, ob sie erfolgreich sind oder nicht. Wichtig ist, dass jemand etwas Neues wagt und sich auf den Weg macht.

Doch auch im Jahr 2012 ist die Recherche über Menschen, die nach 40 noch mal was Neues begonnen haben, mühsam. Wer bei Karrierecoachs anruft, erfährt zwar immer wieder die eine oder andere Geschichte von mehr oder weniger erfolgreichen Neustarts. Doch es gibt keinerlei Zahlen und Statistiken, keine Studien und keinen einzigen Verband, der sich um diese Gruppe kümmert.

Bei der Hamburger Karriereberaterin Svenja Hofert[94] beispielsweise melden sich immer wieder Menschen, die eigentlich gern etwas anderes machen würden. »Leider fehlt es an Vorbildern«, bedauert die Autorin von über 20 Fachbüchern zu den Themen Job und Karriere. »Wenn ich davon erzähle, wie andere diesen Wechsel geschafft haben, werden die Ohren ganz riesig«, berichtet Hofert. Sie beginnt dann oft damit, ihre Gesprächspartner einzuladen, sich Alternativen zu ihrem heutigen Arbeitsleben vorzustellen. »Man muss den Punkt finden, von dem aus man auf Entdeckungsreise gehen kann«, sagt sie. Entscheidend ist natürlich auch hier das Bild vom Alter, das man mitbringt: Wer das jahrzehntelang von den Medien transportierte Bild verinnerlicht hat, dass man mit Ende 50 zum »alten Eisen« gehört, wird sich einen Neustart mit 55 kaum vorstellen können.

Auch hat die überwiegende Mehrheit der Firmen und Behörden trotz des sich abzeichnenden Fachkräftemangels ihre auf junge Arbeitnehmer zentrierte Einstellungs- und leider auch Weiterbildungspraxis noch nicht geändert. Im 7. Kapitel werden wir Unternehmen kennenlernen, die hier Vorreiter sind. Doch noch handelt es sich dabei um Ausnahmen.

Dabei ist sicher, dass der Fachkräftemangel Deutschland spätestens im Jahr 2018 mit voller Wucht treffen wird. Davon beginnen nun auch Ältere zu profitieren, die bislang kaum Chancen auf dem Arbeitsmarkt hatten. Schon heute steigt bei keiner Gruppe von Arbeitnehmern die Beschäftigungsrate so schnell wie bei den Älteren. Bei den 60- bis 65-Jährigen hat sie sich seit dem Jahr 2000 fast verdreifacht, bei den 50- bis 65-Jährigen legte sie um gut 40 Prozent zu[95].

Damit haben sich die Erwerbsquoten fast angenähert: Während in der Gruppe der 15- bis 65-Jährigen 52 von 100 Menschen sozialversicherungspflichtig beschäftigt sind, liegt die Vergleichszahl bei den 50- bis 65-Jährigen nach neuesten Daten der Agentur für Arbeit bei 47 von 100.[96]

Die Zahlen zeigen in spektakulärer Weise aber auch, wie sehr die Beschäftigung Älterer politischen Vorgaben unterliegt. So waren es vor allem die großzügigen Frühverrentungsprogramme seit Mitte der 1990er Jahre, die immer mehr Ältere immer früher in den Ruhestand getrieben haben. Begonnen haben sie unter Bundesarbeitsminister Norbert Blüm, als die Gewerkschaften im Konzert mit den Großunternehmen darauf drängten, die Belegschaften zu verjüngen und der Gemeinschaft dafür die Kosten aufzubürden. Verbrämt wurde diese Politik mit dem Argument, es sollten Arbeitsplätze für Jüngere geschaffen werden. Doch dieses Ziel wurde nur selten erreicht. Stattdessen nutzten vor allem große Konzerne die Möglichkeiten, sich auf Kosten der Steuerzahler ihrer älteren Mitarbeiter zu entledigen.

Wie Blüm damals erklärte, belasteten 100 000 Frührentner dabei die Rentenkasse mit 12,7 Milliarden D-Mark im Jahr und die damalige Bundesanstalt für Arbeit (heute »Agentur für Arbeit«) mit 9,2 Milliarden D-Mark im Jahr[97]. Der CDU-Politiker fand nichts dabei, die anderen Beschäftigten für diese verheerende Politik auch noch selbst bezahlen zu lassen. Denn die Unternehmen selbst beteiligten sich nur mit acht Prozent der Kosten an diesem für sie so profitablen Verjüngungsprogramm. 92 Prozent mussten die Sozialkassen übernehmen – also alle, die in die Renten- und Arbeitslosenversicherung einbezahlten.

Diese Belastungen wiederum führten zu ständigen Defiziten und daraufhin steigenden Beiträgen. Zwischen 1990 und 1998 sind die Beitragssätze zur Sozialversicherung von 35,5 auf 42 Prozent gestiegen, was wiederum die Lohnnebenkosten für die Arbeitgeber in die Höhe getrieben hat.

Neue Entlassungswellen waren die Folge, ein sich selbst verstärkender Teufelskreis entstand. »Arbeitslosigkeit wurde – neben der Erwerbsunfähigkeitsrente – zum wichtigsten Frühverrentungsmotor«, schreibt die Sozialwissenschaftlerin Christine Trampusch[98]. Sie zitiert eine Studie von Edmund Hemmer, der bereits 1997 darauf hingewiesen hat, dass »dadurch durchaus Anreize geschaffen wurden, Arbeitslosigkeit – also den Bezug von Arbeitslosengeld – bewusst herbeizuführen, um so mit dem 60. Lebensjahr den Rentenbezug zu ermöglichen«.

So wurde die Bedeutung von »alt« immer mehr umgewertet. »Alt« war kein Kriterium zur Beurteilung der körperlichen und geistigen Leistungsfähigkeit, sondern wurde in zunehmendem Maße von strukturellen Problemen der Wirtschaft und der Lage auf dem Arbeitsmarkt bestimmt. »Es entstanden Generationen von ›Sozialplanarbeitslosen‹, deren Frühverrentungsbiografie bereits mit 50 Jahren begann – das war in der Montanindustrie weit verbreitet«, schreibt Trampusch. So zeige eine »empirische Studie von Rainer George (2000) zur Frühverrentungspraxis im verarbeitenden Gewerbe (…), dass Unternehmen älteren Arbeitnehmern Auflösungsangebote oftmals bereits mit dem 55. Lebensjahr unterbreitet« hätten[99].

Diese fatale Entwicklung wurde vor allem von den Gewerkschaften vorangetrieben, die möglicherweise sogar davon überzeugt waren, im guten Interesse ihrer Mitglieder zu handeln. Wechselnde Regierungen unterschiedlicher politischer Richtungen haben das lange dankbar unterstützt. In den 1970er Jahren waren es die Betriebe der Montanindustrie, die ihre Mitarbeiter so offiziell sanktioniert ab 60 Jahren in die Rente schicken konnten. In den 1980er Jahren führte CDU-Arbeitsminister Norbert Blüm die sogenannte 58er-Regelung ein: Nun konnten bereits 58-Jährige sich aus dem Erwerbsleben verabschieden, fast immer ohne nennenswerte Rentenabschläge. 1988 hatten bereits 120 000 Ältere dieses lukrative Angebot angenommen.

Aber Norbert Blüm ließ sich noch mehr »Wohltaten« einfallen: Mit der Altersteilzeitregel sollte ab 59 der gleitende Übergang in die Rente ermöglicht werden. Tatsächlich wurde die Klausel in fast allen Fällen anders genutzt: Die Arbeitnehmer arbeiteten zwei Jahre weiter voll und wurden dann zwei Jahre früher bei vollen Bezügen in die Freizeit entlassen.

Als der Regierung Kohl die Kosten über den Kopf wuchsen, führte sie 1997 erstmals leichte Rentenabschläge für Frühverrentungen ein. Nach Berechnung von Experten verschlang die »Abschiebepraxis« für Ältere zu diesem Zeitpunkt rund 15 Milliarden D-Mark pro Jahr.

Doch mit dem Regierungswechsel 1998 starteten die Gewerkschaften bei der neuen rot-grünen Regierung einen weiteren Anlauf für massive Frühverrentungsprogramme: IG-Metall-Chef Klaus Zwickel überzeugte seinen früheren Kollegen und damaligen Bundesarbeitsminister Walter Riester von der Rente mit 60. Für alle dieses Mal – und wieder mit der bereits durch die Praxis ad absurdum geführten Begründung, so den Arbeitsmarkt zu entlasten und Platz für Jüngere zu schaffen.

Welch eine verfehlte Politik! Und es war keineswegs so, dass die Protagonisten nicht wussten, welchen Schaden sie anrichteten. Franz Steinkühler, bis 1993 Erster Vorsitzender der IG Metall, warnte frühzeitig, dass die 58-Jährigen in den Betrieben »wie die Hasen gejagt« werden würden, wenn es die Möglichkeit gäbe, ohne große finanzielle Einbußen in Rente zu gehen.

»So kam es dann auch nicht selten«, schreibt die Wirtschaftsjournalistin Dagmar Deckstein[100]: »Auf jeden Fall boten diese letzten drei Jahrzehnte den fruchtbarsten Nährboden für die bis heute tief wurzelnde Überzeugung in den meisten Köpfen, dass Menschen mit 50 plus zu nicht mehr viel zu gebrauchen seien in der modernen Arbeitswelt.«

Das aber ist ganz sicher der Größte Anzunehmende Unsinn, den sich die Politik in den vergangenen Jahrzehnten geleistet hat. Umso mehr brauchen wir nun Pioniere, die erkennen, dass sie mit 50 noch 20, 30 oder sogar 40 gesunde Jahre vor sich haben, die mit Leben und auch mit Erwerbsarbeit gefüllt werden wollen.

Denn das Abzählen der Jahre bis zur Rente wird künftig immer weniger funktionieren. Wer heute in seinen Vierzigern ist, wird bis 67 arbeiten müssen, wenn er die volle gesetzliche Rente bekommen will.

Meine Grundthese aber ist, dass immer mehr auch bis 67 und länger arbeiten wollen – freiwillig, denn die Arbeitswelt der Zukunft wird sich auf die Älteren einstellen und ihnen weit bessere Bedingungen als bisher bieten. In vielen Fällen werden das flexible Arrangements sein, in denen Teil- und Vollzeit gut miteinander kombiniert werden können.

Wer also mit 50 einen Beruf hat, der ihm auch nach 20 oder 30 Arbeitsjahren Berufung ist – wunderbar. Allen die herzlichste Gratulation, die sich gut vorstellen können, diese Arbeit noch weitere 20 Jahre glücklich und zufrieden auszuüben.

Alle anderen brauchen keineswegs zu verzweifeln. Mit 50 ist jeder noch jung genug, etwas Neues anzufangen. Das kann eine Zusatzausbildung sein, ein kompletter Kurswechsel oder auch der Versuch, das Hobby zum

Beruf zu machen. Für was auch immer Sie sich entscheiden: Sie haben gut zwei Dekaden Zeit, sich darin auszuprobieren und sich eine neue Karriere aufzubauen.

Wer sich das traut, bereut es selten. Das jedenfalls ist die Erfahrung von Karrierecoach Uta Glaubitz[101]. »Einen neuen Beruf kann man in jedem Alter anfangen«, sagt die Berlinerin, die sich ausschließlich auf Berufswechsel spezialisiert hat. Eine 35-jährige Krankenschwester, die ihr Kapitänspatent erwirbt? Eine 42-jährige Öffentlichkeitsarbeiterin, die wieder studiert und Grundschullehrerin wird? Eine 41-jährige Zahnarzthelferin, die Konditorin wird und ein Café eröffnet? »Geht alles, man muss nur wollen«, sagt Glaubitz.

Einer ihrer Lieblingsfälle ist Dagmar Stratenschulte[102], die in ihrer Jugend dem mütterlichen Rat folgte und Buchhalterin wurde. Als sie nach einer langen Familienpause mit Mitte 40 nach einem Neuanfang suchte, war klar, dass der ungeliebte Erstjob nicht in Frage kam. Stratenschulte wollte Fotografin werden, bewarb sich und wurde auch tatsächlich zum Vorstellungsgespräch eingeladen. »Da haben Sie sich ja was Tolles vorgenommen, wir würden Sie gern dabei unterstützen«, sagte man ihr. Wenige Tage später fing Stratenschulte bei dem Fotografen an und arbeitet heute als selbstständige Fotografin.

»Wenn die Leute mal losgehen, gehen viel mehr Türen auf, als man denkt«, sagt Glaubitz. Natürlich sei jeder Berufswechsel »harte Arbeit, in die man all seine Liebe, Energie, Kraft, Zeit und Geld investieren« müsse. Doch insbesondere das Alter sei kein Gegenargument, die Berufsberaterin hält es eher für eine »faule Ausrede«. »Es gibt viele, die es sich in dem Altersargument bequem gemacht haben, weil es so unkritisch als Ausrede durchgeht«, sagt Glaubitz.

Was alles geht, zeigen die Klienten, die die Berlinerin in den vergangenen 15 Jahren betreut hat. Da ist beispielsweise Heide Kuhlmann, die Politik und Geschichte studiert hat und als Chefin vom Dienst bei einer Autozeitung arbeitet. Eigentlich aber möchte sie Försterin werden. Als sie verschiedene Forstbeamte anruft, wird ihr von allen freundlich angeboten, sie könne ruhig mal vorbeikommen. Kuhlmann ist 38, als sie drei Tage lang eine Försterin begleitet. Inzwischen studiert sie Forstwirtschaft und wurde vom Studiendekan für ein Stipendium vorgeschlagen, für das sie eigentlich zu alt ist.

Mitten im Leben stand auch die Rechtsanwältin Sibylle Heim aus Hamburg, als sie sich entschied, Filmregisseurin zu werden. Sie lernt Story Telling, Schauspielerführung und den Umgang mit der Kamera an der Filmakademie in Mallorca. Nachdem sie ihren ersten Dreiminüter gedreht hatte, beschloss sie, weiterzumachen, die eigene Kanzlei aufzugeben und eine Filmfirma zu gründen.

Martina Weindl leitete ein Fotolabor in Bad Schwartau, doch ihre eigentliche Liebe galt dem Wein. Als sie sich mit 40 um Praktika bei Weingütern bewarb, traf sie anfangs auf viel Skepsis. In Baden klappte es dann doch, und Martina war begeistert. Sechs Monate lang half sie bei der Ernte, schnitt Reben, verkaufte den Wein. Der

Geschäftsführer bot ihr eine Stelle an, doch Weindl entschied sich für ein Studium an der Hochschule in Geisenheim. Darin war sie so erfolgreich, dass ihr dort nach ihrem Abschluss 2011 sofort eine Stelle angeboten wurde.

»Den Beruf zu wechseln ist in jedem Alter möglich«, ist sich Beraterin Glaubitz sicher, »die eigentlichen Probleme sind im eigenen Kopf, nicht in der Welt da draußen.« Man müsse den Wechsel unbedingt wollen. Mit angezogener Handbremse ginge gar nichts, warnt Glaubitz: »Harte Arbeit ist es immer, und es kann auch ein paar Jahre dauern.«

Das kann auch ihre Hamburger Kollegin Svenja Hofert bestätigen, bei der sich »immer mehr Menschen melden, die nach 40 was Neues machen wollen«. Eine ähnliche Welle hat Hofert schon in den Jahren 2001 und 2002 beobachtet, der Grund waren die Stellenstreichungen in den Großkonzernen nach dem Platzen der IT-Blase. »Damals waren die Karrierewechsel der Not geschuldet, sich was Neues suchen zu müssen«, sagt sie.

Heute geht es darum, sich zu verwirklichen und etwas zu machen, was als sinnvoll und sinnstiftend empfunden wird. Da gibt es den Filialleiter eines Discounters mit 20 Jahren Berufserfahrung, der sich im Bereich Tourismus selbstständig macht. Die gut bezahlte Medienmanagerin, die jetzt ein Gästehaus hat und dort Yogaunterricht anbietet. Ein Kreativer im Werbebereich, der inzwischen als Heilpraktiker eine gutgehende Praxis betreibt.

Fast alle von ihnen nehmen teilweise deutliche Einkommenseinbußen hin, weil die neue Karriere inhaltlich und menschlich einfach mehr bietet als die alte. »Alle, die die schwierige Gründerphase der ersten ein bis anderthalb Jahre überleben, bleiben dabei und wollen nicht mehr tauschen«, ist die Erfahrung von Hofert, die auch einen Karriere-Blog[103] betreibt. Dennoch ist das Einkommensthema der Knackpunkt bei derartigen Veränderungen. »Viele kommen zu mir mit ihren Ideen und fragen, ob das für sie wohl funktionieren könnte«, erzählt Hofert, »doch wenn ich ihnen sage, dass es in vielen Wunschbranchen wie Dienstleistung, Therapie und Beratung einfach sehr schwer ist, über ein Jahreseinkommen von 60 000 Euro bis 70 000 Euro hinauszukommen, zucken sie zurück.« Wer gerade im mittleren Alter noch viele finanzielle Verpflichtungen hat – von der Hypothek fürs Haus über das Studium der Kinder bis hin zur Pflege der Älteren –, glaubt oft, im eigentlich ungeliebten Job bleiben zu müssen.

Der Schweizer Outplacement-Berater Peter Meierhofer hat sich auf über 50-Jährige spezialisiert, die ihren Job verlieren. Zumeist auf Kosten der früheren Arbeitgeber sucht er dann gemeinsam mit den Gekündigten nach einer neuen beruflichen Perspektive. Seine Kunden sind also in der Regel Top-Führungskräfte, viele davon seit Jahrzehnten global tätig.

Eine wirklich überraschende Erkenntnis war für Meierhofer, wie unglücklich sie sich oft in ihrem ersten Beruf fühlten. »Das ist eine Generation, die noch gemacht hat, was die Eltern und Lehrer ihnen empfohlen haben«, sagt Meierhofer[104]. »Mach doch was Vernünftiges« sei der typische Ratschlag gewesen. Und so gebe es heute Millionen von Midlife-Boomern in Berufen, die ihnen kaum Spaß machen – und die sie doch noch ein, oft zwei Jahrzehnte ausüben müssten. Gleichzeitig aber hätten die meisten auch keinerlei Ahnung, was sie denn eigentlich gerne machen würden. Und sie seien so sehr in ihren Alltag zwischen Beruf, Familie und gesellschaftlichen Erwartungen eingespannt, dass sie sich darüber auch keine Gedanken machen würden. »Vor allem ältere Menschen sind großartig im Ertragen von Schmerzen«, sagt Meierhofer, »lieber leiden sie still vor sich hin, statt etwas zu ändern.«

Bei fast allen seiner Klienten ändert sich das schlagartig mit dem Schock, in diesem Alter gekündigt zu werden. Nur in Einzelfällen kommen bisher Menschen zu ihm, die noch in einer ungekündigten Position sind und sich auf eigene Kosten beraten lassen wollen, wie sie ihr Berufsleben neu orientieren könnten. »Wenn jemand zu uns kommt, versuchen wir als Erstes herauszufinden, wofür die Menschen wirklich stehen«, sagt Meierhofer. »Was ist ihre einzigartige Begabung?« Nach seiner Erfahrung sind diejenigen, die sich trauen, das zu machen, was sie schon immer machen wollten, mittelfristig viel erfolgreicher als diejenigen, die krampfhaft nach einem Job in der gleichen Branche suchen.

Da ist beispielsweise Reto Nicca, der über 30 Jahre lang als Logistiker beim Aufzugshersteller Schindler AG gearbeitet hat, unter anderem als Chef der Auftragssteuerung Schweiz. »Nicca wollte eigentlich immer Sport studieren, doch seine Eltern wollten ihm das nicht finanzieren«, erzählt Coach Meierhofer, »also hat er Mechaniker und Betriebsfachmann EF« gelernt. Als Schindler ihn 2009 entlassen und ihm eine unbefristete Outplacement-Beratung finanziert hat, war schnell klar, dass der damals 55-Jährige, der sein Leben lang Ausdauersport betrieben hatte, sein Hobby zum Beruf machen wollte. Heute arbeitet der 1954 geborene Nicca als Coach für Ausdauersportler und hat eine eigene Firma[105] in Ebikon bei Zürich.

Weniger entschlossen war zunächst Verena Raith, die als Treuhänderin gearbeitet hatte und im Alter von 60 Jahren ihren Job verlor. Sie war so schockiert darüber, dass sie krank wurde. »Den meisten gelingt es nicht, sich selbst aus diesem tiefen Loch nach der Kündigung herauszuarbeiten«, sagt Meierhofer, »sie brauchen Unterstützung von außen.« So war es bei Verena Raith. »Zu meiner Überraschung trat ein, was ich nicht erwartet hatte: Ich bemerkte, dass mich (…) meine Pläne, die ich in meiner Jugend gewälzt hatte, aufgrund der Umstände aber nie verwirklichen konnte, plötzlich wieder einholten«, sagt sie. Raith machte sich selbstständig und berät nun Ärzte bei der Praxisgründung. Das ist eine Geschäftsidee, die es so in der Schweiz noch nie gab, wie Raith selbst auf ihrer Webseite schreibt – und die doch in einzigartiger Weise auf Raiths berufliche Erfahrung setzt. Denn sie nutzt ihre »jahrelangen Erfahrungen als Treuhänderin von Ärzten und mein(en) exklusive(n) Zugang zur kostenoptimierten Buchhaltung und zu günstigeren Versicherungen« für die Praxisgründer, wie sie in der Selbstdarstellung ihrer Firma[106] erklärt.

Auch wenn beide Geschichten Paradebeispiele sind und nicht jede berufliche Neuorientierung ähnlich glattgehen wird, zeigen sie doch, was alles möglich ist.

Wer das Wagnis eines kompletten Berufswechsels scheut, hat immer noch die Möglichkeit, sich durch eine umfassende Weiterbildung neu zu orientieren. Oliver Reith beispielsweise ist den entgegengesetzten Weg zu so vielen Karriere-Neustartern gegangen, und zwar von der Arbeit im sozialen Bereich hinein in die Wirtschaft. Mit 40 hatte sich sein Job als Sozialpädagoge »mehr und mehr zum Bürojob« gewandelt, wie er der FAZ sagte[107]. Doch auf seine Bewerbungen als externer Mitarbeiterberater in der Wirtschaft bekam er nur Absagen – und den Rat, sich zum »Systemischen Berater« weiterbilden zu lassen. Das hat er dann getan, auf eigene Faust und mit eigenem Geld. Rund 8000 Euro investierte der Familienvater in den Kurs und natürlich unzählige Wochenenden, Feier- und Urlaubstage. Und schon bevor er seinen neuen Abschluss in der Tasche hatte, hatte er auch einen neuen Job, in dem er rund 15 Prozent mehr als zuvor verdiente.

Noch mehr profitierte Oliver Reith jedoch von einem völlig unerwarteten Nebeneffekt der Weiterbildung: Neben dem theoretischen Unterricht musste er anfangen, praktische Beratungsstunden zu geben, und Klienten bei ihren beruflichen Problemen coachen. Das tat er offensichtlich so erfolgreich, dass er über Mundpropaganda immer mehr Klienten bekam. Heute ergibt sich bereits die Hälfte seines Einkommens aus der freiberuflichen Tätigkeit. Den neuen Vollzeitjob hat er auf einen Teilzeitvertrag reduziert.

Für Oliver Reith hat sich sein Mut, Neues zu wagen, sowohl finanziell als auch immateriell mit einer deutlich gestiegenen Arbeitszufriedenheit ausgezahlt. Laut einer Studie des Zentrums für Europäische Wirtschaftsforschung sind Weiterbildungen[108] im Schnitt immer eine gute Investition: 5 bis 6 Prozent Einkommensverbesserung kommen dabei heraus, deutlich mehr, als derzeit auf dem Sparbuch zu holen sind. Ralf Dillerup, Professor für Unternehmensführung und Controlling an der Hochschule Heilbronn, hat für die FAZ sogar einen »Weiterbildungsrechner« entwickelt. Mit dem schätzt der Bildungswillige seine Investitionen in die Weiterbildung ab und setzt dagegen die erwarteten Renditen in Form eines höheren Einkommens im Lauf der nächsten zehn Jahre. Wer den Rechner ausprobiert, stellt fest, dass es keineswegs nur um das höhere Einkommen geht. Dillerup hat auch versucht, die eher immateriellen Gewinne mit einzurechnen. Deshalb wird im Test beispielsweise nach der besseren Kundenbindung gefragt und einem Imagegewinn, der zum Beispiel mit einem neuen Titel verbunden ist. Vielleicht sind auch Beziehungen entstanden, die sich nutzen lassen, oder das eigene Organisationstalent hat sich verbessert? Die Testpersonen müssen all dies abschätzen und in Euro und Cent umrechnen. Nicht einfach, aber gerade deshalb auch ein interessantes Experiment.

Der Weiterbildungsrechner verdeutlicht, wie wenig Erfahrung wir mit Jobwechseln jenseits der normalerweise vorgezeichneten Karrierebahnen haben. Auch das macht es so schwierig, sich auf die »Entdeckungsreise« zu einer möglichen Karriere 2.0 zu machen.

Doch die Unterstützung dafür und auch die Hilfsangebote nehmen erfreulicherweise schnell zu. So hat das Bundesfamilienministerium im Mai 2010 das Projekt *Perspektive Wiedereinstieg*[109] gestartet, das speziell auf Mütter nach der Familienphase ausgelegt ist. Auf einer gut gemachten Webseite finden Frauen dort Geschichten von anderen Müttern, die den Wiedereinstieg geschafft haben oder auch etwas ganz Neues angefangen haben. Es gibt ausführliche und nach Regionen sortierte Beratungsangebote vom Seminar für die erfolgreiche Bewerbung über die üblichen Computerkurse bis hin zu persönlichem Training und Mentoring. Seit kurzem findet sich dort auch ein »Wiedereinstiegsrechner«, mit dem Frauen ihre »finanzielle Perspektive« prüfen können.

Die auf der Webseite genannten Beratungsstellen können sehr oft auch von Berufswechslern in Anspruch genommen werden. In Hamburg beispielsweise berät Lars Fieguth[110] vom Centrum Bildung und Beruf (CeBB) speziell Interessenten über 40 bei Neuorientierungen. »Neun von zehn, die zu uns kommen, sind arbeitssuchend«, sagt er, »aber es sind immer wieder auch Menschen dabei, die ihren Beruf wechseln wollen.«

Obwohl der Arbeitsmarkt in der Hansestadt ganz

gut aussieht, hört der Berater immer wieder von seinen Klienten, dass sie wegen ihres Alters doch ohnehin keine Chancen haben. Dieses Vorurteil sei so hartnäckig, »als ob das in die Haut eingeritzt sei«, sagt Fieguth.

Nicht immer ist die berufliche Neuorientierung mit der Erfüllung von Lebensträumen oder dem Finden der eigentlichen Talente verbunden. Oft folgt sie sehr praktischen Notwendigkeiten. Doch hier gilt erst recht: Wer mit 45 oder 55 glaubt, aufgrund seines Alters keine Chance mehr zu haben, wird sich sehr viel schwerer tun als jemand, der die Jobsuche unbefangen angeht. Auch hier zeigt sich erneut, wie sehr das herrschende Altersbild die individuell und gesamtgesellschaftlich notwendigen Veränderungen bremst.

Zumindest theoretisch bietet auch der an den Universitäten eingeleitete Systemwechsel zu einem Bachelor- und Mastersystem große Chancen für weiter- und ausbildungswillige Midlife-Boomer. »In der Gesellschaft des längeren Lebens müssen auch mit 40 oder 50 noch neue Qualifikationen und neue berufliche Chancen selbstverständlich werden«, sagte Bildungsministerin Annette Schavan Anfang Februar 2012 der *Rheinischen Post*[111]. »Die neue Studienstruktur ist ja genau darauf ausgerichtet, dass man in jungen Jahren einen Bachelorabschluss macht und nach zehn oder 20 Jahren wiederkommt, um dann noch einen Masterabschluss draufzusetzen«, erklärte die Ministerin.

Praktisch jedoch bleibt noch viel zu tun. Zwar gibt es inzwischen an vielen Universitäten Studienangebote für Senioren und mit dem *Europäischen Zentrum für Universitäre Studien der Senioren Ostwestfalen-Lippe* (EZUS) sogar eine eigene Uni für Lernwillige ab 65. Doch Berufswechsler ab 50 werden sich an der Uni vorkommen wie Exoten, so selten sind sie dort zu finden.

Gerade mal 1748[112] der 361 697 Absolventen des Prüfungsjahres 2010 an deutschen Universitäten und Fachhochschulen waren über 50 Jahre alt. Das sind 0,48 Prozent oder knapp zwei von tausend Studenten. Jeder sechste Absolvent über 50 fällt zudem in die Kategorie 60 Jahre und älter, ist also mit hoher Wahrscheinlichkeit bereits im Ruhestand. Jeder dritte der erworbenen Abschlüsse war zudem ein Doktortitel und dürfte somit auf einer existierenden Berufskarriere aufsetzen.

Wenn sich Bildungsministerin Annette Schavan also wünscht, dass »auch mit 40 oder 50 noch neue Qualifikationen und neue berufliche Chancen selbstverständlich werden«, ist das für den Hochschulbereich in Deutschland noch in sehr weiter Ferne.[113]

Dennoch: Wer Berufswechsler ermutigen will, muss die modularen Ausbildungswege wie den Bachelor und den darauf aufbauenden Master stärken. Im Prüfungsjahr 2010 hat die Zahl der Bachelorabschlüsse zum ersten Mal die der traditionellen Abschlüsse überholt. 31 Prozent[114] der Hochschulabsolventen machten damals einen Bachelor gegenüber 29 Prozent mit traditionellen Abschlüssen. Der Rest verteilte sich auf Fachhochschul- und Lehramtsabschlüsse sowie Masterabschlüsse.

Bei den Ausbildungsberufen endet die Altersstatistik derzeit bei »24 und älter«. Angaben über Lehrlinge in der zweiten Lebenshälfte gibt es gar nicht. So ist derzeit nur bekannt, dass im Jahr 2010 gut jeder zwölfte Lehrling bei Beginn der Ausbildung bereits über 24 Jahre alt war, insgesamt 47 493 von 559 032[115] Lehrlingen.

Spezielle Ausbildungsprogramme für Ältere, wie sie beispielsweise von der schon erwähnten Sozial-Holding der Stadt Mönchengladbach angeboten werden, dürften bislang noch die absolute Ausnahme sein. Dort hat Geschäftsführer Helmut Wallrafen-Dreisow[116] ein Azubi-Programm für über 40-Jährige aufgelegt und eine eigene Pflegelehrerin eingestellt, die die Älteren bei der Ausbildung betreut und mit ihnen lernt.

Das ist mitentscheidend für den Ausbildungserfolg. »Wir haben im November 2010 zeitgleich mit dem Wohlfahrtsverband zwei Schulklassen mit je 21 Personen für die Ausbildung zur Pflegefachkraft gestartet«, erzählt Wallrafen-Dreisow[117]. Während in der Klasse des Wohlfahrtsverbandes gerade zehn der älteren Azubis durchgehalten haben, sind es bei der Sozial-Holdings-Klasse 18. »Dies führe ich ausschließlich auf die Hilfe durch die Pflegelehrerin zurück«, sagt Wallrafen-Dreisow.

Er appelliert dringend an die Politik, über Fördermöglichkeiten für derartige Hilfestellungen nachzudenken. Denn während die Azubis über sogenannte Bildungsgutscheine von den Arbeitsämtern gefördert werden können, muss die Sozial-Holding die Pflegelehrerin selbst finanzieren. Das sei kurzsichtig, denn der Gesellschaft entstünden beträchtliche Kosten durch die abgebrochenen Ausbildungen, die letztendlich vom Staat beziehungsweise den Beitragszahlern finanziert werden, erklärt er.

Die badische Großbäckerei K&U aus Neuenburg hat es sogar geschafft, das Lehrprogramm an der Berufsschule speziell auf ihre älteren Auszubildenden abzustimmen. Fachkräfte im Verkauf und demnächst auch Bäcker und Konditoren werden dort in zwei- statt dreijährigen Ausbildungsgängen unterrichtet, die auf die Bedürfnisse und Erfahrungen älterer Lernender zugeschnitten sind.

Der Vertriebschef von K&U, Winfried Fletschinger, hat sich das bundesweit einzigartige Projekt ausgedacht und treibt es voran. 5000 Mitarbeiter hat die Großbäckerei, die zur Edeka Südwest GmbH gehört, davon 4300 im Verkauf. Schon seit einigen Jahren hat Fletschinger Probleme, genügend Lehrlinge zu finden. 150 bis 170 könnte er einstellen, allein im Jahr 2011 hat er nur rund 120 gefunden.

Fletschingers Ansatz ist auch deshalb so interessant, weil er nicht nur älteren Arbeitslosen, sondern auch ungelernten Kräften eine neue Karriere ermöglicht. Der Begriff Karriere ist hier wörtlich zu nehmen, denn K&U setzt große Hoffnungen in die Senior-Azubis.

»Ihre Prüfungsergebnisse sind im Schnitt viel besser als die der Jüngeren, weil sie viel motivierter sind«, sagt der Vertriebsleiter. Und K&U-Geschäftsführer Herbert Behringer sieht in den Senior-Azubis sogar noch mehr Potenzial als bei den Jüngeren. »Wir stehen oft vor der Frage, was wir mit unseren 1er-Azubis machen, die 19,

20 Jahre alt sind«, zitiert ihn die *Badische Zeitung*[118]. »Einerseits verlieren wir sie vielleicht, wenn wir sie hinter die Theke stellen. Andererseits fehlt ihnen oft die persönliche Reife, um als Filialleiter Menschen zu führen.« Bei den Senior-Azubis sei das anders: »Sie haben die Möglichkeit, schneller innerhalb des Unternehmens aufzusteigen.«

Während der Ausbildung werden die Senior-Azubis von der Firma wie Ungelernte bezahlt, können also zumindest in begrenztem Umfang ihre Familien weiter ernähren. Die Arbeitsagentur übernimmt zwei Drittel der Lohnkosten und die Sozialbeiträge über das Programm WeGebAU, kurz für »Weiterbildung gering qualifizierter und beschäftigter älterer Arbeitnehmer in Unternehmen«.

Boris Gourdial, der Chef der Freiburger Arbeitsagentur, würde sich über Nachahmer freuen: »Ich erhoffe mir von diesem Modellprojekt, dass sich andere Arbeitgeber motiviert fühlen, dem Beispiel zu folgen – etwa aus der Nahrungsmittel- oder Pflegebranche, wo es traditionell schwer ist, Auszubildende zu finden.«[119]

Das vom Fachmagazin *Lebensmittelpraxis* inzwischen mit dem *Kreativ-Cup 2011* ausgezeichnete Projekt ist auch deshalb so außergewöhnlich, weil hier alle Beteiligten Hand in Hand arbeiten. Neben der Firma selbst und der Arbeitsagentur sind das auch die Handwerkskammer sowie die Berufsschule in Kehl. »Die Handwerkskammer hat darauf bestanden, dass wir eine vollständige Lehre anbieten und nicht nur einzelne Weiterbildungsblöcke«, erzählt K & U-Vertriebschef Fletschinger in einem Telefongespräch. Weil die Älteren aber schon viel Erfahrung aus ihrem jeweiligen Berufs- oder Familienleben mitbrachten, konnte die Ausbildungszeit von drei auf zwei Jahre verkürzt werden. Unterrichtet wird an der Berufsschule in Blockseminaren, viele auch der Älteren wohnen dann im Wohnheim. Bei den Berufsschullehrern sind die älteren Auszubildenden als Schüler besonders beliebt. »Sie sind motivierter als die Jüngeren«, sagt Fletschinger.

Sowohl die Erfahrungen der öffentlichen Sozial-Holding Mönchengladbach als auch der privaten Großbäckerei K & U machen Hoffnung, dass sich auch im Ausbildungsbereich für Ältere in Zukunft mehr tun wird. Denn der demografiebedingte Lehrlingsmangel ist bereits in den Betrieben angekommen. Im Jahr 2011 drehte sich die Lage endgültig und für die nächsten Jahrzehnte unwiderruflich zugunsten der Bewerber. Auf absehbare Zeit wird es zunehmend weniger junge Menschen für die angebotenen Ausbildungsberufe geben.

Nach Schätzungen des Deutschen Industrie- und Handelskammertages (DIHK) konnten bereits im Jahr 2011 rund 75 000 angebotene Ausbildungsplätze nicht besetzt werden[120]. Am dramatischsten ist der Engpass in der Gastronomie, dem Einzelhandel und dem Handwerk.

Gleichzeitig klagt DIHK-Hauptgeschäftsführer Martin Wansleben darüber, dass viele Jugendliche eigentlich gar nicht ausbildungsfähig seien. Ihnen fehlten grundlegende Kenntnisse, viele könnten kaum rechnen und schreiben. Tatsächlich absolvieren nach Angaben der

Agentur für Arbeit zwischen 300 000 und 350 000 von ihnen spezielle Förderprogramme, um sie ausbildungsfähig zu machen. Laut der PISA-Studie gilt jeder fünfte Schulabgänger als nicht ausbildungsreif. Und jeder zehnte Jugendliche verlässt noch immer ganz ohne Abschluss die Schule.

Das alles bedeutet für die Unternehmen in den kommenden Jahren einen deutlich höheren Aufwand für die Lehrlingsausbildung. Auch die öffentliche Hand gibt pro Jahr bereits rund 3,5 Milliarden Euro für Förderprogramme zwischen Schule und Ausbildung aus, wie Arbeits-Staatssekretär Gerd Hoofe unlängst berichtete.[121]

Es dürfte deshalb nicht mehr sehr lange dauern, bis mehr Entscheider auf die Idee kommen, das Potenzial der Älteren hier besser als bisher zu nutzen. Allerdings müssen die Sozialpartner und die Politik hier noch eine ganze Reihe von Hausaufgaben machen. Wie das Beispiel der Sozial-Holding zeigt, brauchen Ältere angepasste Ausbildungsgänge. Je modularer sie aufgebaut sind, desto besser. Ohnehin ist das ansonsten in der ganzen Welt gerühmte deutsche duale Ausbildungssystem für Quereinsteiger eine ziemliche Hürde, weil es so verschult und prüfungsfixiert ist.

Berufswechsler in den USA haben es viel einfacher, weil die meisten neuen Tätigkeiten dort ein *training on the job* beinhalten. Hinkommen, anfangen, machen, überzeugen sind dort die entscheidenden Kriterien und nicht formale Noten und staatlich geprüfte Abschlüsse.

Ganz genauso wie es für einen langjährigen Handwerksmeister inzwischen möglich ist, ein Studium auch ohne Abitur zu beginnen, brauchen wir im Bereich der Ausbildung ab 50 neue Regeln. Sie müssen die vorherige Berufs- oder Familienerfahrung weit stärker gewichten als Noten und formale Qualifikationen. Die Wissenschaft bezeichnet dies gern als *soft skills*, was mit der Übersetzung »weiche Fähigkeiten« nur sehr unzureichend beschrieben ist.

Es geht um Erfahrung, um Lebensklugheit, um Intuition. Um all das also, was Midlife-Boomer ganz besonders auszeichnet. Manche Firmen haben dies bereits begriffen. Wie diese Trendsetter den Arbeitsmarkt der Zukunft revolutionieren, lesen Sie im nächsten Kapitel.

KAPITEL 7

Gerne arbeiten – Der Jobmarkt der Zukunft wird sich an den Erfahrenen orientieren

Sechs Jahre bleiben noch, dann wird es richtig eng. »2018 werden wir den höchsten Nettoverlust an Arbeitnehmern haben, die dann in die Rente gehen«, sagt Rainer Thiehoff, geschäftsführender Vorstand des *ddn – Das Demographie Netzwerk*.[122]

Knapp 300 Firmen sind dem Demographie Netzwerk bereits beigetreten, die allesamt neue Lösungen für den demografischen Wandel erproben. Sie spüren schon jetzt, dass es immer schwieriger wird, ausscheidende Fachkräfte zu ersetzen. Fast zehn Millionen Arbeitskräfte könnten bis zum Jahr 2050 fehlen, hat das Mannheim Research Institute of the Economics of Aging errechnet[123].

Für ältere Arbeitnehmer brechen deshalb gute Zeiten an. Bislang häufig aufs Abstellgleis geschoben, rücken sie zunehmend ins Zentrum der Personalarbeit. Denn immer mehr Firmen erkennen, dass es sinnvoller ist, die schon vorhandenen Fachkräfte besser zu fördern und länger im Betrieb zu halten statt – oft vergeblich – nach jungen Mitarbeitern zu fahnden. Natürlich brauchen Unternehmen beides: frisches Talent aus der Schule oder dem Studium, aber eben auch die grauen Köpfe, in denen jahrzehntelanges Fachwissen abgespeichert ist.

Drei von vier Mittelständlern finden laut dem Mittelstandsbarometer[124] der Beratungsgesellschaft Ernst & Young keine qualifizierten Mitarbeiter. Quer durch die ganze Wirtschaft klagen 30 Prozent über Fachkräftemangel, wie die Frühjahrsumfrage 2012 des Deutschen Industrie- und Handelskammertages[125] ergab.

Kein Zweifel: Der Fachkräftemangel ist da. Noch ist er in einigen Bereichen auf den Wirtschaftsaufschwung der vergangenen Monate zurückzuführen. Doch immer häufiger ist der Fachkräftemangel demografisch bedingt. Die Arbeitskräfte in Deutschland altern. Und sie werden weniger.

Der demografische Wandel ist keinesfalls die große Katastrophe, als die er so oft gezeichnet wird. Denn viele Mythen über ältere Mitarbeiter sind, wie die vorangegangenen Kapitel bewiesen haben, schlichtweg falsch: Weder ihre Produktivität noch ihre kognitiven Fähigkeiten gehen zurück. Körperliche Beeinträchtigungen sind nicht ganz von der Hand zu weisen, können aber mit klugen Strategien so angegangen werden, dass die gesamte Belegschaft am Ende gesünder und produktiver wird. Das zeigen nicht nur die jüngsten Forschungen zu diesem Thema, sondern auch die konkreten Erfahrungen all der innovativen Unternehmen, die bereits seit

einigen Jahren mit dem demografischen Wandel umgehen.

Demografiestrategien helfen nicht nur den Älteren
im Betrieb, länger aktiv zu sein. Alle Mitarbeiter profitieren davon, das Unternehmen wird insgesamt leistungs-
fähiger. BMW-Personalvorstand Harald Krüger[126] bringt
das auf den Punkt, wenn er über das Pilotprojekt *Heute
für morgen* spricht, mit dem der Automobilbauer die demografische Entwicklung in die Unternehmensstrategie
einbezieht: »In unserem Pilotprojekt haben wir dieselbe
Produktivität, zum Teil sogar eine bessere Qualität bei
stabiler Krankenquote.« Andere Unternehmen konnten
ihren Krankenstand durch die Demografieprojekte weit
überdurchschnittlich senken. So hat die Sozial-Holding
der Stadt Mönchengladbach ihre Fehlquoten schlichtweg halbiert, wie der zuständige Vorstand Helmut Wall-
raffen-Dreisow berichtet[127].

Vor jedem konkreten Demografieprojekt aber muss
sich ein Bewusstseinswandel in den Firmen und vor allem bei der Firmenleitung vollziehen. Das entscheidende Erfolgskriterium für alle Demografiestrategien ist
das Altersbild des jeweiligen Unternehmens und seiner
Führungsetage.

Leider haben nicht nur Führungskräfte ein negatives
Bild vom Altern, sondern auch die Arbeitnehmer selbst.
»Ältere haben ein sehr geringes Selbstwertgefühl. Sie
wissen, was sie mit 20 konnten und jetzt nicht mehr
können. Aber sie wissen nicht, was sie jetzt Neues können«, sagt Rudolf Kast[128], der frühere Personalchef der
vielfach für ihre Demografiekonzepte ausgezeichneten

Sick AG. Weil der Sensorenhersteller im Schwarzwald aufgrund seiner Lage fern den Wirtschaftszentren Süddeutschlands schwer Fachkräfte findet, hat er schon vor Jahren begonnen, sich auf die Alterung der Belegschaft einzustellen. Heute sind die Älteren bei der Sick AG nicht nur selbstverständlicher Bestandteil des Unternehmens, sondern sich auch ihrer ganz besonderen Stärken sehr wohl bewusst: des Erfahrungswissens eines langen Arbeitslebens, der überlegten Reaktion auch in Stresssituationen und der anhaltenden Kreativität für Lösungen, die nicht in Lehrbüchern zu finden sind.

Gemischte Altersteams sind auch bei MAHLE Behr Industry ein Baustein der demografischen Anpassungsstrategie. Petra Meißner[129] staunte nicht schlecht, als sie das Resultat der Altersstrukturanalyse im Reichenbacher Werk der MAHLE Behr Industry GmbH bekam. Mit durchschnittlich 44,6 Jahren waren ihre Mitarbeiter weit älter als erwartet. Und nun wollten auch noch zwei Mitarbeiter mit langjährigem Erfahrungswissen in den Ruhestand gehen. »Das war für uns im Jahr 2005 die Initialzündung zu unserem Junior-Senior-Programm«, erzählt die Personalchefin des Werks in Sachsen.

MAHLE Behr beteiligte sich an dem EU-Förderprogramm LIPA (Lernen im Prozess der Arbeit) und arbeitete mit einem Institut Fragebögen aus, um das Erfahrungswissen der ausscheidenden Mitarbeiter zu dokumentieren. »Der Prozess war anfangs wirklich kompliziert, weil wir bei null gestartet sind«, erinnert sich Petra Meißner. Nirgendwo war aufgezeichnet, was die beiden Mitarbeiter – ein Konstrukteur für Werkzeugvorrichtungen und ein Entwicklungsingenieur – in ihrem langen Arbeitsleben an Wissen angehäuft hatten und was davon wie weitergegeben werden konnte und musste.

Im Verlauf des Projekts wurde immer klarer, dass der Wissenstransfer am besten in Tandems von einem jungen und einem älteren Mitarbeiter zu organisieren ist. Acht solcher Tandems gibt es bislang im Angestelltenbereich bei MAHLE Behr. Sie arbeiten mindestens sechs Monate, manchmal aber auch bis zu anderthalb Jahre zusammen. Wie bei einem klassischen Projekt gibt es Meilensteine, und es wird auch kontrolliert, ob sie erreicht werden. Entscheidend ist aber auch, dass die ausgewählten Personen »miteinander können«, sich also grundsätzlich sympathisch sind. Statt Zweiergespanne sind auch größere Teams möglich, wie beispielsweise im Einkauf bei MAHLE Behr.

»Die Einkaufschefin ist viel unterwegs, und so haben wir dieses Wissenstransferprojekt auf anderthalb Jahre angelegt«, erzählt Meißner aus der praktischen Arbeit. Dabei gibt die Einkaufschefin ihr Wissen an ein Team von drei Jüngeren weiter. Sie nimmt beispielsweise einen aus dem Team mit zu einem Verhandlungsgespräch, lässt ihn dort auch mal allein agieren. Entscheidend ist, die Erfahrung hinterher auszuwerten und die Performance des Jüngeren gegebenenfalls mit Schulungsmaßnahmen zu verbessern.

»Deshalb ist ein Projektplan für jedes Team mit Meilensteinen und regelmäßigen Kontrollen ganz entscheidend für das Gelingen des Junior-Senior-Programms«, sagt Meißner. Auch die anderen Mitarbeiter werden darüber regelmäßig informiert. »Das Programm steht und fällt damit, wie die Führungskräfte damit umgehen«, warnt Meißner. »Sie müssen das Programm leben.« Das bedeute auch, »den Jüngeren Freiraum für das Lernen und Zeit für den Erfolg zu geben«.

Inzwischen hat sich sowohl die Tandembildung als auch das Programm insgesamt eingespielt. Die Mitarbeiter, mit denen das Programm ursprünglich begann, sind im Ruhestand. Ihr Wissen haben sie erfolgreich weitergegeben. »Ihre jüngeren Tandempartner haben noch immer sehr guten Kontakt zu ihnen und besuchen sie, wenn akute Probleme auftauchen, um ihren Rat einzuholen«, sagt die Personalchefin Meißner.

Petra Meißner sieht MAHLE Behr gut gerüstet für den demografischen Wandel. Sie empfiehlt, frühzeitig mit Programmen wie *Junior-Senior* anzufangen. Denn es dauert einige Zeit, bis sich alles einspielt und die Teams funktionieren – vor allem aber bis sich die Kultur des Wissenstransfers im gesamten Werk festsetzt. Auch hier geht es um Altersbilder: Jüngere, die in Tandems arbeiten, profitieren direkt vom Wissen der Älteren und gewinnen dadurch einen neuen Eindruck vom Alter. Und die Älteren erleben oft zum ersten Mal auch in formalisierter Form, dass ihre Erfahrung geschätzt wird.

»Es geht um neue Denkmuster«, sagt ddn-Vorstand Thiehoff. Bei einem großen Automobilhersteller beispielsweise hätten sich der Produktionsleiter und der Betriebsarzt zusammengetan. Sie wollten Bedingungen schaffen, wie sie in dem Werk im Jahr 2018 herrschen werden, wenn der Altersschnitt von 39 auf 47 Jahre gestiegen ist.

Nach ausführlichen Diskussionen mit den betroffenen Mitarbeitern stellten sie fest, dass wenige Änderungen schon ausreichten, um die Arbeitsbedingungen am Montageband altersgerechter zu machen. Die Änderungen haben unter 20 000 Euro gekostet, doch der Effekt war enorm: Die Produktivität verbesserte sich spürbar.

»Sehr oft sind diese Änderungen gar nicht so kostspielig«, sagt Rainer Thiehoff, »denn im Kern geht es um etwas anderes: Wir müssen unser Bild vom Alter ändern.« So lernen Ältere ganz genauso gut Neues wie Jüngere, aber sie tun das viel zielgerichteter. Dementsprechend müssen Weiterbildungsveranstaltungen anders aufgebaut werden. Auch die Legende, dass Ältere öfter krank sind, stimmt nicht. Ganz im Gegenteil: Sie sind weniger krank, dafür dann aber durchschnittlich länger als Jüngere.

ddn-Vorstand Thiehoff denkt jedoch schon weit über den derzeitigen Fachkräftemangel hinaus. Ihm geht es um ein Arbeitsleben, das so abwechslungsreich ist, dass die Menschen sich gerne neuen Herausforderungen stellen: »Nehmen wir den Dachdecker alter Schule, der so gern von Politikern bemüht wird, wenn es um die Unmöglichkeit geht, länger zu arbeiten«, sagt Thiehoff. Was aber, wenn dieser Dachdecker mit 30 die Möglichkeit hat, mal einen Monat in der öffentlichen Verwaltung zu hospitieren, um sie kennenzulernen? Und mit 40 mal einen Gastmonat bei einer befreundeten Firma im Ausland macht? Wäre es dann nicht viel leichter, mit

50 darüber nachzudenken, zum regionalen Baumarkt zu wechseln und dort weiterzuarbeiten, statt sich auf den Dächern abzumühen?

Noch sind nur wenige Betriebe so weitsichtig, eine derart vorausschauende Personalpolitik zu machen. Wenn Firmen über die Alterung nachdenken, starten sie in der Regel mit der Gesundheitsvorsorge ihrer Mitarbeiter.

Doch in einigen deutschen Großunternehmen laufen derzeit Experimente in Sachen Prävention. Eines der umfassendsten unter ihnen findet beim Kraftwerksbauer und -betreiber Evonik STEAG GmbH in Essen statt. Über 2000 Mitarbeiter wurden dort bereits ausführlich über ihren Gesundheitszustand befragt. Die vom Betriebsrat geförderte und unterstützte Aktion führte dann zu einer Vielzahl von Angeboten für die Mitarbeiter, mit denen sie ihren Gesundheitszustand verbessern können. Viele der Evonik-Mitarbeiter im Kraftwerk müssen körperlich hart arbeiten. Ziel der Aktion ist es, sie in die Lage zu versetzen, länger gesund zu arbeiten. »Unser Altersschnitt in einigen wichtigen Kraftwerksbereichen ist bereits 49 Jahre«, sagt Wilhelm Loick[130], Bereichsleiter HR Prozesse (Human Resources/Personalprozesse). Er ist zuversichtlich, dass es mit den jetzt eingeleiteten Maßnahmen möglich sein wird, »dass unsere Mitarbeiter in zehn Jahren problemlos bis zum Alter von 63 oder 64 Jahren auch die harte körperliche Arbeit im Kraftwerk schaffen«.

Derzeit stehen in den Steinkohlekraftwerken des fünftgrößten Stromerzeugers Deutschlands kaum Mitarbeiter mit über 60 Jahren an den Brennöfen. Loick und ein Kollege haben schon früh mit Altersanalysen angefangen und wussten, dass ihr Unternehmen besonders vom demografischen Wandel betroffen sein würde. In der Folge wurde das im Personalbereich angesiedelte Gesundheitsmanagement auf inzwischen rund zehn Mitarbeiter bei einem Gesamtpersonalstand von 3500 Mitarbeitern in Deutschland aufgestockt. Mit dem Betriebsrat und einer Krankenkasse wurden geeignete Präventionsmaßnahmen entworfen. Vor allem aber wurden die Führungskräfte eingebunden, die inzwischen bei ihren jährlichen Gesprächen mit jedem Mitarbeiter auch folgende Frage stellen: »Wie kann ich Ihnen helfen, dass Sie gesund und fit bleiben und Ihre Arbeit auch künftig gut machen können?«

Langfristige Individuelle Förderung der Eigenverantwortung (LIFE) heißt das 2004/2005 gestartete Programm. Die Mitarbeiter sollen animiert werden, ihren bisherigen Lebensstil zu ändern. »Wir bieten präventive Maßnahmen an und versuchen den Kollegen so auch näherzubringen, wie wichtig ihre Gesundheit ist, um von dem heute durch den demografischen Wandel möglichen längeren Leben zu profitieren«, sagt Loick.

Die Rückmeldungen sind positiv. 80 Prozent der Mitarbeiter in den ersten Pilotprojekten berichteten, dass die Maßnahmen ihnen helfen würden, ihren Job besser zu machen. In einem weiteren Projekt wurden zwanzig stark übergewichtige Mitarbeiter mit einem Body-Mass-Index von über 30 über drei Monate beim Abnehmen gecoacht. »Alle zwanzig Teilnehmer haben durchgehalten und in der Spitze bis zu 22 Kilogramm abgenommen«, freut sich Loick.

Alle Mitarbeiter der Evonik können das Programm nutzen. Auch besondere »Bonbons« wie eine Präventionswoche an einem landschaftlich reizvollen Ort im Allgäu können nun von jedem in Anspruch genommen werden. Zwischen 1300 und 1400 Euro bringt das Unternehmen dabei für Unterbringung und Seminarkosten auf. Der Mitarbeiter bringt die Urlaubstage ein und zahlt die Reisekosten. 800 Mitarbeiter haben das Angebot in den vergangenen drei Jahren bereits genutzt.

Dennoch weiß Loick, dass sich Prävention in den Unternehmen nur durchsetzen wird, wenn die Maßnahmen möglichst vollständig, aber in jedem Fall stärker als bisher steuerlich absetzbar sind. Derzeit können die Unternehmen nur 500 Euro pro Mitarbeiter pro Jahr beim Finanzamt geltend machen. »Das reicht vorne und hinten nicht«, sagt Wilhelm Loick. Ein weiteres Problem liegt in der Arbeit mancher Krankenkassen und Berufsgenossenschaften. »Eigentlich sind sie vom Gesetz verpflichtet, Präventionsmaßnahmen zu fördern«, sagt der Evonik-Personalverantwortliche. Doch es handelt sich dabei um eine sogenannte »Kann-Maßnahme«: »Manche machen es, andere nicht. Manche fördern Fremdmaßnahmen, manche nur ihre eigenen Maßnahmen«, weiß Loick. »Das ist alles noch wenig zielführend.«

Ende 2012 werden die ersten belastbaren Zahlen vorliegen, wie sich die präventive Gesundheitsförderung auf die Rendite des Unternehmens auswirkt. Denn letztendlich, so Loick, würden sich diese Maßnahmen nur durchsetzen, wenn das Unternehmen schwarz auf weiß sehen könnte, wie es auch finanziell von gesünderen und länger aktiven Mitarbeitern profitieren kann. Dazu wertet ein unabhängiges Institut die Evonik-Gesundheitsmaßnahmen aus. Zudem gehen die anonymisierten Daten an eine große Krankenkasse, die ihrerseits aus den Erfahrungen bei dem Kraftwerkbauer lernen will. »Die Kunst liegt jetzt darin, den Return on Investment der Präventionsarbeit zu messen«, weiß Loick. Er ist sich sicher, dass die Zahlen sehr positiv sein werden. Behält er recht, könnte das dann der Durchbruch für flächendeckende Präventionsarbeit in Betrieben sein – in großen ebenso wie in kleineren.

Dass sich Gesundheitsfürsorge auszahlt, ist in kleineren Betrieben leichter zu erkennen. Der Gummersbacher Handwerksmeister Klaus Brandenburg[131] erzählt inzwischen mit einem Schmunzeln davon:»Meine Männer haben sich restlos überschätzt«, erinnert sich der Parkettleger an das Aha-Erlebnis in seinem Betrieb *Fußboden Brandenburg.*

Mit seinen fünf Mitarbeitern war er im Trainingszentrum des mehrfachen Deutschen Meisters im Handball, des VfL Gummersbach. Nun wurde ein Parkettleger nach dem anderen mit der Tergumed-Methode vermessen. Dabei werden an eigens entwickelten Geräten in einer Eingangsanalyse die verschiedenen Muskelgruppen des Rumpfes auf Kraftdefizite und Ungleichgewichtigkeiten getestet. Der Computer vergleicht dann die individuellen Ergebnisse mit denen einer Referenzgruppe, so dass man in der direkten Gegenüberstellung genau sehen kann, wo die persönlichen Schwachpunkte liegen. Brandenburgs Truppe war zuversichtlich: So starke Kerle wie sie, die täglich Fußböden legen, Schweres schleppen und richtig rackern – das musste doch auf jeden Fall Muskeln geben.

Muskeln hatten die Parkettleger. Aber nicht an den Stellen, wo es dem Rücken nützt. »Die Bauchmuskulatur war bei allen prima, aber der Rücken war schwach«, erzählt Firmenchef Brandenburg über den Moment der Wahrheit. Er nutzte den Schock, den die Messung auslöste, um seine Mitarbeiter für ein einjähriges Rückentraining zu gewinnen. Mit Unterstützung der Innungskrankenkasse IKK arbeitete ein Sportlehrer ein Trainingsprogramm aus, um das Körper-Kraft-Verhältnis wieder in Einklang zu bringen. Über einen Zeitraum von sechs Monaten ging das Team 26-mal ins Studio und lernte gezielte Übungen für die Rückenmuskulatur. Danach ging es sechs Monate in der Firma weiter: Je 20 Minuten pro Woche wurde während der Arbeitszeit trainiert. Weitere 20 Minuten pro Woche bekamen die Mitarbeiter geschenkt, um zu Hause zu üben.

Gleichzeitig durchforstete der Inhaber von Fußboden Brandenburg seinen Betrieb nach Hebefallen. Neue Hebehilfen wurden angeschafft, ein Hochregallager angelegt, ein Kurbelrollwagenheber und ein Gabelstapler mit Dorn angeschafft. Auf Werkzeugkisten und in den Toiletten kleben inzwischen Hinweise, wie man schwere Lasten richtig hebt.

Dass seine Mitarbeiter 25 Kilo schwere Säcke mit

Spachtelmasse tragen müssen, kann Klaus Brandenburg natürlich nicht verhindern. Wer dies aber noch immer so tut, dass es den Rücken über Gebühr belastet, bekommt inzwischen einen »Lastesel«-Aufkleber hinten auf seinen Lieferwagen gepappt – und muss ein Frühstück für alle ausgeben. »Das machen wir, dass alle Welt sieht, dass er ein Esel ist und nicht weiß, wie man rückenschonend Lasten trägt«, schmunzelt Brandenburg. Inzwischen muss er den »Lastesel« kaum mehr vergeben. Ständig wechselnde »Rückenbeauftragte« helfen dabei mit, alle an die richtigen Hebetechniken zu erinnern.

Für Klaus Brandenburg hat sich die von der IKK gesponserte Aktion mehr als ausgezahlt. Sein Krankenstand ging unübersehbar zurück. Noch wichtiger für ihn war jedoch die Vermeidung von, wie er sagt, »Chaoskosten«: »Wenn in einem so kleinen Betrieb ein Mitarbeiter ausfällt, müssen jede Menge Termine verschoben werden. Das sorgt für großen Ärger bei den Kunden.«

Er sieht seine Mitarbeiter für die nächsten Jahre gut gerüstet: »Das muss sich in den Gehirnen verankern, dass man was tun muss für seinen Körper, um gesund älter zu werden.« Kurzfristig haben seine Mitarbeiter zudem davon profitiert, dass ihnen die Innungskrankenkrasse einen Monatsbeitrag erlassen hat. Und sie sagen unisono, dass ihre Rückenschmerzen deutlich nachgelassen hätten. Mittelfristig soll ein jährliches Auffrischungstraining dem schleichenden Vergessen des Gelernten entgegenwirken. Und langfristig winkt dann der ganz große Preis: ein starker Rücken, der die Parkettleger gut durchs Leben trägt.

Diese Sorge für die Mitarbeiter spricht sich schnell herum – und hilft gerade in Branchen mit Fachkräftemangel, gute Mitarbeiter zu finden und langfristig auch in einem höheren Alter zu binden. Wie in den Kindertagesstätten der *Havel-Kids* in Berlin und Brandenburg.

Dort kommt alle zwei Wochen vor Arbeitsbeginn ein Personal Trainer ins Haus. »Wir haben in jeder unserer Kindertagesstätten einen Bewegungsraum, der bietet sich für die Übungen an«, erzählt Barbara Müter-Zwisele[132], Geschäftsführerin der Havel-Kids Kinderbetreuung gGmbh in Gatow. Das am westlichen Berliner Stadtrand im Grünen gelegene Unternehmen wurde 2005 gegründet und expandiert stark. Im Mai 2011 wurde die dritte Kindertagesbetreuungsstätte aufgemacht.

Und anders als viele Kitas hat Müter-Zwisele kein Problem, geeignetes Personal zu finden: »Wir sind sehr beliebt, auch wegen Dingen wie dem Personal Trainer.« Denn wer hat das schon – Zugriff auf seinen eigenen Fitness-Coach, der in die Firma kommt?

Alle zwei Wochen kommt der Sportlehrer in jede Kita. Geschäftsführerin Müter-Zwisele hat vorher abgefragt, wo es ihre Mitarbeiterinnen und Mitarbeiter am meisten zwickt. »Mit manchen macht er Entspannungsübungen, mit anderen ein Rückentraining. Das jeweilige Programm ist immer individuell.« 2009 startete das Angebot und wurde von Anfang an begeistert aufgenommen. »Die Kollegen sahen das auch als Privileg, was sie gegenüber anderen in der Branche auszeichnete«, weiß Müter-Zwisele.

Das hilft ihr, die besten Kräfte zu rekrutieren und mittelfristig dafür zu sorgen, dass alle fit bleiben. 56 Jahre ist die älteste Mitarbeiterin der Havel-Kids derzeit, und Müter-Zwisele erwartet, dass ihre Mitarbeiter künftig durchaus bis 60 und länger arbeiten werden. Gerade bei der Betreuung von Säuglingen und Kleinkindern sei das aber oft schwierig, weil die Arbeit nicht nur emotional, sondern auch körperlich fordernd ist. »Sie müssen sich viel auf dem Boden bewegen, das geht nun mal nicht anders«, sagt die Geschäftsführerin.

Bei einem zufälligen Treffen hatte ihr eine Anwältin davon erzählt, dass sie einen Personal Trainer in die Kanzlei kommen lasse und die Mitarbeiter das toll fänden. Müter-Zwisele gefiel die Idee, die sich zudem leicht und unkompliziert umsetzen ließ. »Der finanzielle Aufwand ist im Vergleich zu dem Nutzen absolut zu vernachlässigen«, erklärt die Berlinerin.

Ihre Mitarbeiter, zu denen branchenuntypisch auch sechs Erzieher zählen, können nicht nur das Angebot im eigenen Haus alle zwei Wochen nutzen, sondern auch das in den anderen Kitas. So ist auch eine Trainingsfrequenz von einmal in der Woche möglich. Und einige der Kollegen trainieren inzwischen auch schon ohne Trainer vor Dienstbeginn. »Das zeigt, dass wir wirklich Feuer gefangen haben und wir alle davon sehr profitieren«, so Müter-Zwisele.

Neben dem körperlichen Training sei auch wichtig, dass man sich »auf einer anderen Ebene trifft, wenn man gemeinsam Sport macht«. So entstehe eine ganz andere, sehr belastbare Firmenkultur. Dazu gehört ebenfalls, dass bei den Havel-Kids auch ältere Mitarbeiter regelmäßig fortgebildet werden. Die heute mit 56 Jahren älteste Erzieherin hat beispielsweise 2010 eine Weiterbildung zum »Facherzieher für Integration« gemacht und mit der Note 1 bestanden. »Die Mitarbeiter müssen nicht nur körperlich, sondern auch geistig fit bleiben«, sagt ihre Chefin Müter-Zwisele.

Das Beispiel der Havel-Kids zeigt, wie auch kleine Betriebe mit sehr wenig Aufwand und cleveren Ideen die Herausforderungen des demografischen Wandels angehen können. Indem die Geschäftsführung eine allgemein als »Luxus« empfundene Dienstleistung wie den Personal Trainer für die Mitarbeiter verfügbar macht, zeigt sie ihre Wertschätzung für sie auf einer für alle sehr greifbaren und nachvollziehbaren Ebene. »Ich habe meinen eigenen Personal Trainer, den mir mein Arbeitgeber finanziert« – wer würde nicht auch gern einen derartigen Satz im Freundeskreis sagen? So ermöglicht Havel-Kids es allen Mitarbeitern, auch in ihrem persönlichen Umfeld den Stolz auf ihre jeweilige Arbeit und die Wertschätzung, die ihnen dort entgegengebracht wird, zu kommunizieren.

Um wie viel attraktiver ein Unternehmen ist, das seine Mitarbeiter wertschätzt, zeigt auch das Beispiel des Maschinenbauers *Trumpf* im schwäbischen Ditzingen. Dort wollte ein Softwareingenieur eine viermonatige Auszeit beantragen, um in Mexiko Motorrad zu fahren[133]. Sein Vorgesetzter lehnte kategorisch ab und sagte dem Ingenieur, er sei unabkömmlich.

Doch der Motorrad-Fan wollte das nicht akzeptieren. Der Streit ging bis zur Geschäftsführung des global tätigen Familienunternehmens. Firmenchefin Nicola Leibinger-Kammüller ist bekannt dafür, dass sie pragmatisch und unerschrocken entscheidet. »Anspruchsvolle Arbeitnehmer haben immer auch individuelle Bedürfnisse«, sagte sie der FAZ.

Seit Juli 2011 können die 2500 Mitarbeiter ihre Arbeitszeit deshalb aus drei Bausteinen zusammensetzen: einer Basisarbeitszeit, die als Referenz dient, einer Wahlarbeitszeit für die jeweils folgenden zwei Kalenderjahre und zusätzlichen Möglichkeiten für wochen- oder monatelange ununterbrochene Auszeiten, also Sabbaticals.

Die Firmenchefin selbst wirbt dafür, dass eine Reduzierung der Arbeitszeit nicht karriereschädlich wirkt: »Eine Führungskraft muss nicht zwingend 40 Stunden arbeiten«, sagt sie. »Ich habe sie lieber 25 Stunden zufrieden als 40 unzufrieden – oder gar überhaupt nicht mehr.«

Auch bei Trumpf hat die neue Regelung stark mit der Schwierigkeit zu tun, gute Fachkräfte zu finden. Im Herbst 2011 waren 200 Stellen offen. Das Unternehmen konkurriert im Raum Stuttgart mit vielen potenziell attraktiven Arbeitgebern wie Daimler oder Bosch. Die Arbeitslosenquote liegt in der Region seit einiger Zeit bereits unter vier Prozent, ist also auf Vollbeschäftigungsniveau[134].

Die neuen Arbeitszeitregeln, aber auch die Ernsthaftigkeit, mit der sie umgesetzt wurden, haben sich für das Unternehmen mehr als ausgezahlt. Die Bewerbungen haben um 50 Prozent zugenommen, viele Bewerber beziehen sich ausdrücklich auf die flexiblen Arbeitszeit-regeln und nennen das als Grund für ihre Bewerbung. »Ich bin überwältigt von der Resonanz«, zitiert die FAZ Personalchef Gerhard Rübling.

Natürlich machen die neuen Regeln Arbeit, vor allem bei der Schichtplanung. Doch Rübling hält sie für beherrschbar. So können sich Mitarbeiter nun beispielsweise auch dafür entscheiden, freitags nie zu arbeiten. »Ich habe mir das eigens in der Produktion noch mal erklären lassen – das ist kein Problem«, sagt der Personalchef.

Wichtig ist ihm auch, dass keinerlei Unterschied gemacht wird, wofür der Mitarbeiter die freie Zeit will. In einem Werk von Trumpf auf der eher ländlich geprägten Schwäbischen Alb arbeiten beispielsweise viele Mitarbeiter, die zu Hause noch eine Nebenerwerbslandwirtschaft haben. Sie können nun Arbeitszeit ansparen und dann im Sommer oder Herbst mehrwöchige Auszeiten nehmen, um die Ernte einzufahren oder auf die Jagd zu gehen.

Sosehr Firmen von einer Flexibilisierung der Arbeitszeiten profitieren können, so wichtig ist es, dass sie das Thema wirklich ernst nehmen. Lippenbekenntnisse werden in einer Ära des Fachkräftemangels nicht ausreichen.

Zwar schmücken sich inzwischen viele Firmen mit variablen Arbeitszeiten, zumindest aus den USA kommt nun aber die Warnung, dass diese Programme nur kleinen Gruppen innerhalb des Unternehmens vorbehalten sind. Der Soziologieprofessor Stephen Sweet[135] vom Ithaca College kommt hier zu einem ernüchternden Ergebnis: »Nur weil es derartige Programme in vielen, wahrscheinlich den meisten Firmen in den Vereinigten Staaten gibt, bedeutet das nicht, dass sie wirklich breiten Kreisen zugänglich sind und das Leben der Menschen verbessern.«

So gilt ein Unternehmen in den USA schon dann als flexibel, wenn wenigstens ein Mitarbeiter das jeweilige Angebot nutzen kann. Weil das auch das übliche Vorgehen in der Wissenschaft ist, fürchtet Sweet, dass viele Studien verzerrte Ergebnisse enthalten: »Mit diesem Standard kann ein Unternehmen ein Vorzeigefall für Arbeitsflexibilität sein, obwohl die große Mehrheit der eigenen Mitarbeiter das angebotene Programm überhaupt gar nicht nutzen darf.«

Denn als Sweet mit einer Kollegin die Programme zur Flexibilisierung daraufhin untersuchte, für welche Gruppen im Unternehmen sie verfügbar sind, stellte sich folgendes heraus: Die Option, selbst zu entscheiden, wann und wo man die Arbeit macht, ist zwar in 94 Prozent aller Unternehmen verfügbar – allerdings nur für einen von hundert Mitarbeitern.

Noch krasser sind die Unterschiede, wenn nach den Optionen gefragt wird, die Arbeitszeit zu reduzieren und ein Sabbatical zu nehmen. So bieten 78 Prozent der Firmen die Möglichkeit, die Arbeitszeit zu reduzieren – aber wiederum nur einem von 100 Mitarbeitern.

Nun ist klar, dass insbesondere Firmen mit eher gering qualifizierten Arbeitnehmern und sehr schnell wechselnden Arbeitsbelastungen in der Regel ohnehin wenig Interesse daran haben dürften, ihren Mitarbeitern flexible Arrangements anzubieten – eher ist das Gegenteil der Fall. Doch die in weiten Teilen der Wirtschaft noch übliche Einstellung, die Dienstpläne der Mitarbeiter sehr kurzfristig und weitestgehend nach Gutsherrenmanier hin und her zu schieben, geht dem Ende entgegen.

Der Grund ist die demografische Entwicklung und der sich verstärkende Mangel an Arbeitskräften. Er ist in Deutschland schon heute zum einen in wirtschaftlich besonders starken Regionen mit hoher Nachfrage zu spüren und zum anderen in Branchen, die als wenig attraktiv gelten.

20000 Fachkräfte fehlten bereits in der Callcenterbranche mit ihren 500000 Mitarbeitern. Tausende von offenen Stellen finden sich auch im Gastgewerbe, das in Deutschland 1,2 Millionen Menschen beschäftigt. »Die Schmuddelkinder der Arbeitswelt spüren die demografische Entwicklung«, schreibt die Wirtschaftsjournalistin Maike Rademaker[136]. Noch fänden »Ungelernte den Weg zu ihnen, aber der Zustrom wird dünner und dünner. Bei Fachkräften gibt es längst akuten Mangel.«

So sind – auch wenn in vielen Fällen nach wie vor ausbeuterische Verhältnisse herrschen – sowohl die Callcenter als auch Hotels und Gaststätten plötzlich offen für einen Mindestlohn. Die Callcenterbetreiber wollen einen Arbeitgeberverband gründen, um Verhandlungen mit den Gewerkschaften aufzunehmen und so ihr

Schmuddelimage loszuwerden. Im Gastgewerbe sinniert Rainer Balke, der Hauptgeschäftsführer des Arbeitgeberverbandes Dehoga, darüber, dass seine Branche »etwas bei Arbeitszeit und Urlaubsgewährung machen« müsse.

Diese etwas hilflos anmutende Aussage zeigt zwar, dass es noch länger dauern wird, bis Arbeitgebervertreter und Firmenchefs wirklich begreifen, was ihnen aufgrund der demografischen Veränderungen in Deutschland bevorsteht. Doch immerhin: Der Umdenkprozess hat eingesetzt.

Wirkliche Vordenker wie Trumpf, Evonik oder BMW verändern die Art und Weise, wie wir in den nächsten Jahrzehnten arbeiten werden. Sie tun das nicht aus Altruismus, sondern aus Kalkül: Schon heute haben sie Probleme damit, gute Fachkräfte zu finden. Und weil die Personalchefs – oder noch besser die Vorstandsvorsitzenden selbst – die demografischen Daten des Landes lesen können, wissen sie, dass sich diese Entwicklung in den nächsten Jahren weiter verschärfen wird.

Deshalb gewinnt der im Konkurrenzkampf um Talente, der heute schon das tut, was die anderen erst morgen – und dann oft aus der Not getrieben – beginnen. Und echte Visionäre wie Harald Krüger, der Personalchef der BMW AG[137], haben dabei nicht nur Deutschland, sondern die vielen Ländern im Blick, die in den nächsten Jahrzehnten ebenfalls drastisch altern: »Das Thema Demographiemanagement könnte ein Exportschlager werden für Deutschland.«

KAPITEL 8

Schöner wohnen – Endlich den eigenen Bedürfnissen folgen

Nichts wird so bleiben, wie es ist. Der moosgrüne Teppichboden aus längst vergangenen Zeiten fliegt raus, die braunen 70er-Jahre-Balkone und auch die langen Gänge. »Vom Haus bleibt nur das Skelett, wir werden danach einen energetisch optimalen Neubaustandard haben«, sagt Regine Erhard[138]. Sie hat von ihrer Mutter und ihrer Tante ein Hotel in Enzklösterle im Nordschwarzwald geerbt. Weiterführen wollte sie es nicht, und so hat sie sich zu einem zukunftsweisenden Projekt entschlossen: Das Hotel wird in ein Wohnprojekt umgewandelt. 14 Wohnungen in unterschiedlichen Größen werden dort entstehen, die zum Teil gekauft, zum Teil gemietet werden können, sowie drei Gästeapartments und ein großzügiger Gemeinschaftsraum mit Küche und Kamin. Und das in traumhaft schöner Umgebung. Auf der einen Seite liegt das Hotel in einem riesigen Park mit alten Bäumen, an der anderen Seite plätschert der idyllische Lappach vorbei. »Der ganze Park kann natürlich von allen genutzt werden«, freut sich Erhard, »für Blumen, einen Pavillon zum Malen, ein Handwerker-Refugium oder was auch immer den neuen Bewohnern einfällt.«

Ihre erste Käuferin war Claudia Ollenhauer, eine freiberufliche Journalistin, die mit ihrem Journalistenbüro von Bühl in der Rheinebene nach Enzklösterle im Schwarzwald umziehen und noch etliche Jahre voll arbeiten will. »Meinen Kunden ist egal, wo ich meinen Sitz habe«, sagt sie. Sie wünscht sich eine bunt gemischte Käufer- und Mietergruppe, auch was die Altersschichtung angeht.

Ollenhauer und Erhard bieten jeden Monat ein Treffen für Interessenten an. Sie kommen aus ganz Deutschland. »Wir bekommen sehr gutes Feedback«, sagt Ollenhauer, »doch die Entscheidung, alles am alten Wohnort zu verkaufen und nach Enzklösterle zu ziehen, will natürlich intensiv bedacht sein.«

Regine Erhard und Claudia Ollenhauer sind Teil einer wachsenden Gruppe von Menschen, die jenseits der 50 zwar in ihrer eigenen Wohnung, aber doch gemeinsam mit anderen wohnen wollen. Überall in Deutschland gibt es inzwischen derartige gemeinsame Wohnprojekte in den unterschiedlichsten Rechtsformen. Baugruppen, Genossenschaften, Kommanditgesellschaften, mal auf dem Land, mal in der Stadt: Jenseits der traditionellen Ein- und Mehrfamilienhäuser entwickelt sich eine bunte Vielfalt an alternativen Wohnformen.

Manche der Projektinitiatoren sind WG-erfahren wie der Stadtplaner und Architekt Hannes Tüllmann, der in

Berlin-Kreuzberg ein Dach mit mehreren hundert Quadratmetern Wohnfläche in ein knappes Dutzend Wohnungen mit großem Gemeinschaftsraum und Dachterrasse umgebaut hat. Andere wollen nach Jahrzehnten im Eigenheim mit Familie und Haustieren noch einmal ganz was anderes probieren. Sie alle aber eint der Wunsch, ihren Bedürfnissen zu folgen und ihre Ideen für gutes Wohnen umzusetzen.

»Gerade die Generation 50plus fängt nach dem Auszug der Kinder sehr intensiv an, darüber nachzudenken, in welchem Wohnumfeld sie den Rest ihres Lebens zubringen will«, sagt Rolf Novy-Huy, der langjährige Geschäftsführer der *Stiftung trias*[139]. Der 54-jährige Bankkaufmann beschäftigt sich seit Jahren mit gemeinschaftlichen Wohnprojekten.

Die in Hattingen ansässige Stiftung trias hilft Wohngruppen in unterschiedlichster Form bei der Umsetzung ihrer Baupläne: von Mustersatzungen über Dossiers zu unterschiedlichen Rechtsformen bis hin zum umfassendsten Wohnportal für gemeinschaftliche Projekte[140]. Was die im März 2002 gegründete Stiftung jedoch ganz besonders auszeichnet, ist die Bereitschaft, Grundstücke für gemeinsame Wohnprojekte aufzukaufen und der Baugruppe in 99-jähriger Erbpacht zu überlassen. »Wir haben bislang 18 Projekte in ganz Deutschland gefördert«, sagt Novy-Huy.

So sollen die Grundstücke der Spekulation entzogen und sichergestellt werden, dass bestimmte Ziele der Bauprojekte im sozialen und ökologischen Bereich auch in vielen Jahrzehnten noch gesichert sind – auch wenn die eigentlichen Gründer und Initiatoren vielleicht gar nicht mehr leben.

Für den Grund und Boden zahlen die Baugruppen einen Erbpachtzins von derzeit rund vier Prozent an die Stiftung trias. Die Gebäude und Wohnungen bleiben im Eigentum der jeweiligen Nutzer oder werden an sie vermietet. »Die Nachfrage nach diesem Modell ist sehr groß«, erzählt Geschäftsführer Novy-Huy, »wir könnten jede Woche ein Grundstück kaufen.«

Deshalb ist die Stiftung selbst auch immer auf der Suche nach Darlehensgebern, Spendern und auch Erblassern. Wird ein Projekt dann von ihr gefördert, hilft die Stiftung auch während des Bauprozesses immer wieder mit Rat und Tat, macht allerdings keine Projektsteuerung. Momentan wird beispielsweise in der brandenburgischen Hauptstadt Potsdam die Baugemeinschaft 23Riesen von der Stiftung trias unterstützt. Die Stiftung hat das Gelände gekauft, auf rund 1800 Quadratmetern entstehen in zwei sanierungsbedürftigen Altbauten und einem Neubau Mietwohnungen für generationsübergreifende Modelle.

Rolf Novy-Huy ist sich sicher, dass gemeinschaftliches Bauen eine große Zukunft hat. Die Anzahl der Menschen, die lieber gemeinsam statt einsam wohnen wollten, nehme beständig zu. Und immer mehr seien auch durch ihre Biografie geübter darin, umzuziehen und sich in neuen Umgebungen und Verhältnissen einzufinden. Er hat sogar eine neue Vokabel gefunden für das, was gemeinschaftliches Bauen im Optimalfall auslösen kann: eine »pragmatische Freundeskreisgründung«.

Die Projekte tragen so poetische Namen wie *Lichte Weiten* in Berlin, Hausgemeinschaft *Sonnenau* in Kassel oder das *Alte Pastorat* in Hattstedt. Ihnen allen ist neben der Förderung durch die Stiftung trias gemein, dass mehrere Menschen in den unterschiedlichsten Formen gemeinsam wohnen.

Diese Menschen seien sehr aktiv, oft sozial engagiert und hätten ihr Leben bislang immer selbst in die Hand genommen, sagt Novy-Huy. Deshalb suchten sie nun auch in der zweiten Lebenshälfte nach eigenen, kreativen Lösungen. »Wir regeln unser Wohnen selber« sei eine typische Aussage dieser Generation. Damit einher gehe dann auch immer der Vorsorgegedanke, denn krisensichere Wohnimmobilien spielen mehr denn je eine wichtige Rolle beim Sparen für die Rente.

Wer gemeinsam bauen will, muss Geduld mitbringen. »Rechnen Sie mit vier Jahren Planungs- und Bauzeit«, rät Novy-Huy allen, die an gemeinschaftlichen Wohnprojekten interessiert sind. Ihm ist wichtig, dass dies nicht negativ betrachtet würde: »Die Zeit ist auch notwendig für den Gruppenprozess beim gemeinsamen Bauen.« Schließlich müsse für gemeinsame Prozesse »Sozialsubstanz« gebildet werden: »Freundschaften schließen Sie auch nicht an einem Abend, und gute Baugruppen dauern ihre Zeit.«

Der Geschäftsführer der Stiftung trias rät auch unbedingt zu professioneller Hilfe bei gemeinsamen Projekten. Da das Interesse an Baugruppen vor allem bei Akademikern sehr hoch sei, fingen viele Gruppen in der Erwartung an, das notwendige Fachwissen schon in den eigenen Reihen vorzufinden. Das könne funktionieren, meint Novy-Huy, aber es mache die ohnehin langwierigen Abstimmungsprozesse oft noch schwerfälliger. Auch für die Gruppenprozesse sei es in der Regel besser, Unabhängige mit dem Blick von außen hinzuzuziehen. »Holt euch einen Moderator, bezahlt einen Architekten, das geht einfach viel schneller«, rät Novy-Huy.

Er habe nicht selten erlebt, dass ein guter externer Projektsteuerer mit der Gruppe in drei bis vier Sitzungen die Themen abräume, für die eine Gruppe ohne Hilfe von außen sonst ein ganzes Jahr gebraucht habe.

Wichtig sei auch, dass alle Projektbeteiligten sich schon in einem frühen Stadium finanziell engagierten. »Geld schafft Verbindlichkeit«, begründet Novy-Huy das. »Wer 1000 Euro beispielsweise für seinen Anteil an den ersten Architektenplanungen ausgeben muss, überlegt sich noch einmal sehr genau, ob er sich wirklich in dem Projekt engagieren will.« Diese Einlagen werden dann hinterher mit den Bau- bzw. Kaufpreisen verrechnet. Zieht sich der Interessent aus der Baugruppe zurück, werden sie jedoch nicht ersetzt.

Eine oftmals gemachte Erfahrung bei Baugruppen sei nämlich leider auch die, dass gerade die Wortführer kneifen, wenn es dann ernst wird und Geld einbezahlt werden muss. »Viele träumen von Wohnprojekten und sind dann doch nicht bereit, ihr altes Leben aufzugeben«, hat Novy-Huy mehrfach erfahren. Denn eines ist beim gemeinsamen Bauen unwiderruflich klar: »Jeder, der mitmacht, investiert in einen neuen Lebensabschnitt.«

Wie langwierig der Weg dahin sein kann, hat der Architekt und Stadtplaner Hannes Tüllmann[141] schmerzhaft erfahren. Mit seiner Frau Greta und den anderen Mitstreitern wollte er fürs Alter von München nach Berlin ziehen – weil es sich dort preiswerter bauen lässt, aber auch wegen der vielfältigen Möglichkeiten und Herausforderungen der Hauptstadt.

In Berlin-Kreuzberg fand die Gruppe das Objekt ihrer Träume: das ausbaufähige Dach eines Mehrparteienhauses mit gut 700 Quadratmeter Fläche in einem spitz zulaufenden Dreieck. Die Wohnungen auf der Südseite hätten genug Sonne, die gegenüber einen unverbaubaren Wasserblick auf das beliebte Maybachufer.

2001 nahmen sie die ersten Kontakte mit den Eigentümern des Hauses auf. Sieben Parteien – eine überschaubare Anzahl von Mitbewohnern – sollten die Dachfläche gemeinsam kaufen für ebenso viele Wohnungen und eine große Gemeinschaftsfläche.

Drei Jahre später hatte die Gruppe zwar einen positiven Bauvorbescheid, doch noch immer war vieles unklar. 56 Wohneinheiten mit 30 Eigentümern bestanden in dem Gebäude, dessen Dach sie um- und weitestgehend neu bauen wollten: Würden die anderen Eigentümer dem Einbau eines Liftes zustimmen? Konnte die Denkmalbehörde doch noch umgestimmt werden? Und was war mit dem Schwamm im Gebälk, der mittlerweile entdeckt wurde?

»Irgendwann haben wir beschlossen, einfach ins kalte Wasser zu springen«, sagt Architekt Tüllmann. »Es gab so viele Risikopunkte, vor denen uns der Notar und die

Anwälte gewarnt hatten, wir konnten sie einfach nicht alle wasserdicht ausräumen.«

Der Mut hat sich ausgezahlt, doch die Gruppe musste dafür viel Geduld aufbringen. Es dauerte fast zehn Jahre, bis die elf Männer und Frauen im Herbst 2011 ihre neuen Wohnungen beziehen konnten. Etliche Interessenten sind abgesprungen, neue hinzugekommen.

Immerhin: Die Verzögerungen hatten auch ein Gutes, weil durch die vielen Diskussionen der Raumplan nun genau auf die Bedürfnisse jedes Einzelnen und auf das gemeinsame Projekt des Zusammenwohnens abgestimmt ist.

»Man könnte sogar noch einen Schritt weitergehen«, sagt Petruschka Thomas, eine Mediatorin, die ebenfalls für das Projekt von Bayern nach Berlin ziehen wird. »Die Architektur ist entscheidend für das Gelingen des gemeinsamen Wohnens.«

So laufen die Wohnungen am Maybachufer alle auf den großen Gemeinschaftsraum in der Spitze der dreieckigen Grundfläche zu. Er hat Licht von der Nord- bis zur Südseite, den Blick aufs Wasser und ist damit eindeutig der schönste Raum des Ensembles. Die Gruppe wird darin eine Küche, einen großen Essplatz und ein Wohnzimmer einrichten. Alles wird rundum verglast, hinzu kommt eine offene Terrasse an der Spitze des Hauses. Hannes Tüllmanns Erfahrung als Stadtplaner war ihm hier hilfreich: »Der Gemeinschaftsraum muss so konzipiert sein, dass alle unglaublich gern hierherkommen und er für alle sehr reizvoll ist.«

Hinzu kommt, dass sich alle Wohnungen auf einer

Etage befinden. »Wir kennen auch Alten-WGs, wo das anders ist und man nach unten oder nach oben gehen muss, um in den Gemeinschaftsraum zu kommen«, sagt Petruschka Thomas. Oft funktioniere das nicht: »Es macht etwas aus, ob ich über oder unter einem wohne«, sagt die Mediatorin, »nicht umsonst haben die Begriffe ›auf Augenhöhe sein‹ und ›auf einer Ebene sein‹ auch einen soziologischen Kontext.«

Was Tüllmann, Thomas und ihre Mitstreiter in über einem Jahrzehnt an Planung selbst entwickelt haben, gibt es inzwischen auch standardisiert. So haben der Karlsruher Architekt Alexander Grünenwald und sein Team von der *BauWohnberatung Karlsruhe* beispielsweise mit der sogenannten *i3-Community*[142] einen Modellansatz für gemeinschaftliches Wohnen entwickelt.

»Für viele Interessenten sind Baugruppen zu schwierig, weil sie nicht über die langen Planungsstrecken alle Risiken selbst tragen wollen«, sagt er. Entstanden ist die *i3-Community* aus den Erfahrungen Grünenwalds beim Bau einer Anlage für ältere Damen. »Die Gruppe hätte das Projekt zwar finanziell stemmen können, aber die Bereitschaft, Geld in diesem Alter in ein Neubauprojekt zu stecken, war nicht da«, erzählt der Architekt. Er glaubt, dass das für viele gilt, die im Alter noch einmal umziehen. »Die sagen, das soll ein Investor machen. Wir zahlen lieber ein wenig mehr Miete«, so Grünenwald. Also hat er sich mit einem lokalen Bauträger zusammengetan, der die Hälfte der 15 Wohnungen selbst an Investoren verkauft hat. Das Belegungsrecht für die Anlage aber ging auf die Bewohnerinnen über. Sie entscheiden, wer einzieht – und nicht der Investor.

Heute laufen die *i3-Communities* so, dass Investoren nur mitsprechen, wann immer es um Finanzfragen geht. Alles andere regelt die Gemeinschaft. Möglich ist auch eine Art Mietkauf, bei dem Interessenten ein Eigenkapital von rund 30 Prozent mitbringen. Danach zahlen die Bewohner monatlich einen Teil Tilgung, einen Teil Benutzungsgebühr (also Miete). Die Investoren können die so erworbenen Wohnungen jederzeit auch wieder veräußern oder vererben. Die Bewohner haben nach einem Wertgutachten das Vorkaufsrecht – und in jedem Fall immer das Belegungsrecht.

Im Gegensatz zu einer Genossenschaft hält Grünenwald die Rechtsform der Kommanditgesellschaft für weitaus flexibler. »Es kommt grundsätzlich alles für *i3-Projekte* in Frage«, sagt er. »Die optimale Größe allerdings liegt bei zehn bis fünfzehn Teilnehmern.«

Grundlage für den Start einer *i3-Community* ist ein Planungsgutachten, das zwischen 10 000 und 12 000 Euro kostet. Grünenwald weiß, dass es vielen Probleme bereitet, bereits in einer sehr frühen Projektphase investieren zu müssen. Er hält es aber wie trias-Geschäftsführer Novy-Huy nicht nur aus wirtschaftlichen, sondern auch aus psychologischen Gründen für absolut notwendig: »Es ist eine Art Ernsthaftigkeitsnachweis.«

Die professionelle Betreuung legt Grünenwald dann hinterher nach klar definierten Sätzen und transparent nachvollziehbar auf den Quadratmeterpreis um. »Die professionelle Betreuung kostet einen vorher definierten Betrag, keinen Prozentsatz vom Gebäude«, erklärt er. Abgerechnet wird nach Bauphasen – also beispielsweise 45 Euro pro Quadratmeter in der Planung und dann nochmal 50 Euro, wenn Kommanditisten gefunden werden. »Wir sind da völlig offen in der Gestaltung. Wir wissen, was Anzeigenschaltung kostet, was Treffen kosten, was Moderation kostet«, sagt der Architekt.

Grünenwald betreut auch den Hotelumbau in Enzklösterle. Durch das KG-Modell sparen die Käufer hier Notarkosten, Grunderwerbssteuer und die Maklergebühr, die im Normalfall für eine knapp 100 Quadratmeter große Wohnung bis zu 20 000 Euro schlucken kann.

Obwohl das Hotel komplett entkernt wird und nach der Sanierung dann einen energetisch optimalen Neubaustandard aufweisen wird, können die Quadratmeterkosten so bei deutlich unter 2300 Euro gehalten werden. Der fast 50 Quadratmeter große Gemeinschaftsraum ist dabei schon mitgerechnet.

Als besonderen Bonus wird es sogar ein Schwimmbad mit Wellnessbereich geben, das allerdings im Eigentum von Regine Erhard verbleibt: »Wir haben hin und her gerechnet, aber die beste Lösung war dann, dass ich es betreibe und unterschiedlichen Nutzern gegen Gebühr zur Verfügung stelle.« Sie kann sich Schwimmkurse, physiotherapeutische Anwendungen, Wassergymnastik und vieles mehr vorstellen.

Regine Erhard wird auch selber in das Wohnprojekt am Lappach einziehen. Sie wünscht sich eine breite Palette an Bewohnern, die sich gegenseitig anregen und vielleicht sogar voneinander lernen. Klar ist bei diesem Projekt aber auch, dass jeder seine Privatsphäre hat: »Wenn die Wohnungstür zu ist, ist sie zu«, sagt Claudia Ollenhauer.

Dass gemeinschaftliche Wohnformen zwar an Bedeutung gewinnen, insgesamt aber noch sehr selten sind, zeigt auch die Studie *Die Generationen über 50 – Wohnsituation, Potenziale und Perspektiven*[143], die das Forschungsinstitut *Empirica* bereits 2006 für den Deutschen Sparkassen- und Giroverband angefertigt hat.

Dabei wurden Menschen, die im Alter umgezogen sind, nach ihren Gründen befragt: 40 Prozent wechselten die Wohnung, um in einen »Familienverbund, aber in getrennten Wohnungen« zu ziehen. Immerhin 38 Prozent haben sich für eine »Haus-/Nachbarschaftsgemeinschaft mit Freunden/Gleichgesinnten« entschieden. Knapp ein Drittel, 28 Prozent, zogen in eine Mehrgenerationennachbarschaft. Einer von vier hat sich entschieden, mit Älteren zusammen in ein Haus beziehungsweise in deren Nachbarschaft zu ziehen. Nur acht Prozent jedoch wählten die Wohngemeinschaft, also das Wohnen mit Freunden und Gleichgesinnten ohne eigenständige Wohnung.

»Das entspricht absolut unseren Erfahrungen, dass der weit, weit überwiegende Teil der Älteren im eigenen Haushalt leben will«, sagt Marie-Therese Krings-Heckemeier, die Geschäftsführerin des Forschungsinstituts Empirica. Allerdings ist die Zahlenbasis wacklig. »Wir wissen schlicht nicht, wie viele Ältere in gemeinschaftlich organisierten Wohnprojekten oder Mehrgenerationennachbarschaften leben«, sagt Krings-Heckemeier. Noch werden derartige Zahlen nicht statistisch erfasst, sondern basieren auf Umfragen.

Einigermaßen belastbar sind die Statistiken, was die Zahl der Älteren angeht, die in Pflegeeinrichtungen und/oder Seniorenimmobilien wohnen – rund fünf Prozent. Alle anderen verstecken sich in der Statistik unter dem Begriff »privater Haushalt«. Der lässt sich bislang nur nach der Zahl der Personen aufschlüsseln: 46 Prozent Einpersonenhaushalte, 49 Prozent Zweipersonenhaushalte und fünf Prozent Haushalte mit drei oder mehr Personen.

Empirica-Geschäftsführerin Krings-Heckemeier empfiehlt, bei anstehenden Renovierungsarbeiten im Haus bereits für später mitzuplanen. Am wichtigsten sind barrierearme Bäder, breite Gänge und Wege und ein einfacher Zugang zu Garten und Balkon.

In etlichen Städten Deutschlands können sich Umbauwillige auch von der sogenannten »mobilen Wohnberatung« helfen lassen. Einer ihrer Pioniere ist Nikolaus Teves[144]. Seit 1988 beschäftigt sich der Berater der Handwerkskammer Mannheim Rhein-Neckar-Odenwald mit dem Thema. »Damals habe ich meine erste Broschüre geschrieben«, erzählt der 63-Jährige. Heute ist er ein gefragter Redner auf Demografiekongressen aller Art und hat mit der »mobilen Wohnberatung« ein bundesweites Modellprojekt für die Beratung von Umbauwilligen[145] mit aufgebaut. Die Initiative wird maßgeblich vom Bundesministerium Familie, Senioren, Frauen und Jugend gefördert.

Bei diesem Service können Umbauwillige ihre Wohnung oder ihr Haus kostenfrei von ehrenamtlichen Experten durchchecken lassen. Genutzt werden kann er sowohl von Mietern als auch von Vermietern und Hausbesitzern. »Unsere Berater geben konkrete Hinweise für sachgerechte und zukunftsorientierte Anpassungsmaßnahmen aufgrund von im Alltag bewährten Checklisten«, sagt Teves. Dabei geht es oft um den Einbau von Treppenliften und barrierefreien Bädern, aber auch um die Anpassung von Grundrissen, die elektrische Ausstattung, um Griffe, Geländer und Rampen.

Die Erstberatung dauert in der Regel eine Stunde. »Wir klären zuerst mal, ob die Wohnung langfristig weiter genutzt werden soll oder wie mögliche Alternativpläne aussehen«, erzählt Markus Foltin[146]. Der Demografieberater der Stadt Bensheim an der Bergstraße ist Sachverständiger für Bauen und Planen und betreut die mobile Wohnberatung seiner Stadt.

Nach akuten Notfällen, aber auch vor einer lang geplanten Sanierung können die ehrenamtlichen Berater gebucht werden, um unabhängig Auskunft über einen alten- und behindertengerechten Umbau der Wohnung zu geben. 15 Wohnberater arbeiten derzeit in der Stadt mit ihren rund 40 000 Einwohnern.

Bei der mobilen Wohnberatung geht es vor allem um die Frage, ob die eigene Wohnung auch im Alter noch mit Lebensqualität genutzt werden kann. Dazu erstellen die Berater im Erstgespräch eine Liste dessen, was gemacht werden könnte. »Wichtig ist auch, dass sie dabei Standards festlegen, die die Handwerker hinterher erfüllen müssen«, sagt Demografieberater Foltin. Denn »altersgerecht« sei kein geschützter Begriff und es komme immer wieder vor, dass die Umbauten hinterher noch mal nachgearbeitet werden müssten.

Die mobilen Wohnberater haben zudem auch einen guten Überblick über die finanziellen Fördermöglichkeiten für altersgerechte Umbauten. Oft werden die Experten allerdings erst dann geholt, wenn der Notfall schon eingetreten ist. Foltin rät deshalb ebenso wie die Empirica-Geschäftsführerin Krings-Heckemeier dringend, auch bei anstehenden Sanierungen bereits an den altengerechten Umbau zu denken: »Dann können die Zusatzkosten oft relativ gering gehalten werden.«

Inzwischen haben sich auch die ersten Architekten auf generationenübergreifendes Bauen und Sanieren spezialisiert. Einer davon ist Jürgen Lohmann von *Lohmann Architekten* aus Rotenburg/Wümme [147]. Der mehrfach ausgezeichnete Architekt hat ein sogenanntes »Generationenhaus« entwickelt. Hier war die Vorgabe, »Eltern, Kinder und Enkel wieder zusammen unter ein Dach zu bringen« und »gleichzeitig individuelle Freiräume für seine Bewohner« zu schaffen, wie es Lohmann auf der Webseite seines Büros formuliert.

Gelöst hat Lohmann diese Vorgabe mit zwei versetzt angeordneten Baukörpern, die einen gemeinsamen Innenhof haben und über Rahmenkonstruktionen architektonisch miteinander verbunden sind. »Die Nutzungsmöglichkeiten sind sehr vielfältig«, sagt Jürgen

Lohmann, »und im Bedarfsfall lassen sich die beiden Baukörper jederzeit als eigene Häuser teilen mitsamt den Grundstücken.«

Noch einen Schritt weiter in Richtung modulares Bauen geht Lohmann mit seinem neuesten Projekt, den sogenannten *Flying Spaces*[148]. »Wir wollten ein wirklich mobiles Haus entwerfen, für alle möglichen Situationen von Studenten über Senioren bis hin zum Ferienwohnen«, erklärt Jürgen Lohmann das Konzept. Herausgekommen ist dabei ein Wohnwürfel mit viel Glas auf maximal 4,50 Meter Breite und bis zu 12,50 Meter Länge, der vorgefertigt und mit dem Kran antransportiert wird. Alles, was zum Wohnen notwendig ist, ist drin: Küche, Bad, ein bis maximal zwei Zimmer.

»Wenn Sie ein Haus mit großem Grundstück haben und ihre Mutter zu sich nehmen wollen und sie aber eine eigene Wohnung möchte: kein Problem«, sagt Lohmann. »Bauen Sie ihr mit den *Flying Spaces* ein Haus in den Garten.« Die Wohnwürfel sind beliebig kombinierbar und können sogar gestapelt werden, so dass ein bis zu dreistöckiges Haus daraus entstehen kann. Verarbeitet sind sie wie ein Einfamilienhaus und halten auch so lange.

Der Clou aber ist die komplette Freiheit, die die *Flying Spaces* bereithalten: Braucht die Mutter die Wohnung nicht mehr, kann das Haus wieder abtransportiert werden und Hunderte von Kilometern weiter beispielsweise als Ferienwohnung oder Studentenapartment für den Sohn oder die Tochter eingesetzt werden.

Dementsprechend groß war das Interesse, als Lohmann die ersten drei *Flying Spaces* in Süddeutschland aufgebaut hat. Auf dem Gelände des Fertighausherstellers SchwörerHaus wurden sie um einen Innenhof als Café angeordnet und am Tag der offenen Tür erstmals präsentiert. »Wir hatten Menschen von acht bis achtzig Jahren da, die sich alle unterschiedliche Dinge mit den *Flying Spaces* vorstellen konnten«, erinnert sich Architekt Lohmann. Die meisten wollten darin wohnen, manche aber auch ein Atelier oder ein Yogastudio einrichten und auch ein Musikzimmer.

Fürs Seniorenwohnen sind die *Flying Spaces* nach Ansicht von Jürgen Lohmann geradezu optimal. »Man kann sie um einen Innenhof als Treffpunkt herum anordnen«, meint er, »und trotzdem hätte jeder sein eigenes Haus und seinen eigenen Raum.« Auch der finanzielle Aufwand ist klar kalkulierbar, weil die Wohnwürfel in der Fabrik vorgefertigt werden. Ab 50 000 Euro sei ein *Flying Space* zu haben, sagt Lohmann.

Er ist zuversichtlich, dass sein *Flying Space* zur rechten Zeit kommt: »Man kann ihn sich beispielsweise auch auf einem Hochhausdach vorstellen, wenn die Dachlasten ausreichen«, sagt er und malt sich die Sensation aus, wenn der Kran die mobilen Einheiten hoch über die Dächer der Stadt hievt: »Stellen Sie sich das vor, Sie haben innerhalb eines Tages ein komplettes Haus auf dem Haus – und können fortan die ganze Stadt überblicken.«

Innovative Architekturprojekte kommen auch aus Japan. Dort ist der demografische Wandel noch weiter fortgeschritten als in Deutschland, und es gibt in den

Städten zudem extrem wenig Platz. Eines der spannendsten Experimente derzeit ist das *Moriyama House* in Tokio. Auf dem Gelände eines normalen Mehrfamilienhauses hat der Architekt Ryue Nishisawa eine »Miniaturstadt aus zehn jeweils ein- bis dreigeschossigen Wohnkuben, die eher an frei stehende Zimmer erinnern« gebaut, wie Niklas Maak in der FAZ[149] schreibt.

Die Architektur ist spektakulär: Jeder Mieter hat seinen eigenen, abgegrenzten Raum mit allen Funktionen einer Wohnung – Bad, Küche, Schlafen, Wohnen. Manche der Mieter haben Dachterrassen, andere Zugang zu kleinen Gärten, denn der Platz zwischen den Wohnkuben dient als gemeinsames Garten- und Freiareal.

Für FAZ-Autor Maak ist das Konzept die perfekte Weiterentwicklung der WG-Ideologie seiner Studententage. »Ich saß, zum ersten Mal, in einer Wohngemeinschaft, einer Kommune, die funktionierte – weil sie nicht in die falsche architektonische Form gezwungen war. Es war schlagartig klar, dass das Problem der meisten Kommunen und WGs neben dem ideologischen Überbau die Architektur ist«, schreibt er. »Wenn man zehn Menschen in einer ehemals repräsentativen, aber um einen kleinfamiliären Lebensentwurf herum konzipierten Wohnung mit nur einer Küche und einer Toilette zusammenpfercht, entsteht zwangsläufig eine massiv klaustrophobische Grundstimmung, divergente Hygienevorstellungen kollidieren.«

Das sei im *Moriyama House* ganz anders: Jeder habe ein »Mikrohaus mit Bad und Kochplatte. Wer nicht will, nutzt den Gemeinschaftsraum nicht und verlässt die

Agglomeration, ohne durch das soziale Labyrinth zu spazieren.«

Maak schreibt, dass das Modellprojekt in Tokio in kurzer Zeit etliche Nachahmer gefunden habe: Architekten wie Yoshichika Takagi[150], Megumi Matsubara[151], Takeshi Hosaka[152] und Sou Fujimoto. Sie alle bauten ein »soziopolitisches Experiment, das zeigt, mit wie geringen finanziellen und räumlichen Ressourcen jene Privatsphäre und sogar das Heimelige geboten werden kann, für das sich die Leute bisher immer in endlose Verschuldungsschlaufen stürzten.«

Für Maak passt sich diese Architektur »an unser Leben an, nicht umgekehrt«. Sie überwinde »die festungsartige Isolation des Privaten, ohne eine Kernzone des Intimen aufzugeben«. Für den Architekturkritiker hat sie damit im Kern eine politische Funktion, weil sie frei macht.

Räume der Zukunft sind auch das Thema des Berliner Architekten Eckard Feddersen[153]. Denn oft sind es die kleinen Dinge, die im Alltag ganz besonders nerven. Warum beispielsweise ist das Schloss bei Türklinken immer unterhalb angebracht? »Umgekehrt würde viel mehr Sinn machen«, sagt Feddersen, »dann käme man besser an das Schloss ran, und es wäre heller beleuchtet«. Oder warum gibt es keine Standardtüren mit einer Möglichkeit, die Einkaufstasche darauf abzustellen und sich nicht mehr bücken zu müssen?

Der Berliner stellt sich diese Fragen seit zwanzig Jahren. Damals hatte er angefangen, Seniorenimmobilien für moderne Ansprüche zu bauen. Feddersen bezeichnet sich selbst als Babyboomer: »In unserer Generation hat das Thema der Selbstbestimmung eine zentrale Bedeutung«, sagt der 1946 geborene Architekt. »Wir werden es nicht zulassen, dass man uns in starre Systeme presst, wenn wir alt werden.« »Selbstverantwortung« ist für ihn ein zentrales Stichwort: »Das kann auch mal bedeuten, das Falsche zu entscheiden. Aber wir müssen bereit sein, die Verantwortung dafür und für uns zu tragen.«

Neben Sozialimmobilien hat Feddersen mit seinem Büro *feddersenarchitekten* auch viele teure Seniorenresidenzen gebaut. Er geht davon aus, dass sie für viele der kommenden Entwicklungen stilbildend wirken: »Was wir momentan für die Reichen bauen, werden wir in fünf Jahren für die Mittelklasse und in zehn bis fünfzehn Jahren für alle bauen«, sagt er. Dabei gehe es keinesfalls darum, »ein Angebot für alle zu machen«, sondern sehr individuell auf jeden Wunsch einzugehen, »und wenn er noch so kurios ist«.

Denn die Individualität und der Wunsch danach verstärke sich gerade im Alter noch mal deutlich: »Wenn man sieht, dass sich das Leben verkürzt, dann will man seine Wünsche auch leben« ist die Erfahrung von Feddersen. Hinzu komme, dass auch immer mehr Jüngere die verlängerte Lebenszeit als Chance sehen, auch mit 50 noch einen Neuanfang zu wagen. »Die unterschiedlichen Lebensstile der Menschen werden sich noch weiter ausdifferenzieren. Die einen lebten Jahrzehnte in der Stadt und wollen nun auf dem Bauernhof alt werden«, sagt Feddersen, »andere wollen bis ins hohe Alter weiterarbeiten.«

Bezogen auf das Wohnen ist die Konsequenz daraus, dass Häuser in ihren Grundrissen und der Baumethode viel flexibler werden müssen, um den unterschiedlichen Biografien und den sich auch in späteren Lebensphasen immer weiter verändernden Anforderungen gerecht zu werden. Das Thema Barrierefreiheit hat Feddersen dabei weitgehend abgehakt: »Das ist heute nur noch Handwerk.« Er weiß natürlich auch, wie wenige Wohnungen bereits barrierefrei oder zumindest barrierearm sind. Doch das erforderliche Wissen ist inzwischen weit verbreitet, die Instrumente auch.

Feddersen geht es weniger um die nötigen Sanierungen und Umbauten heute, sondern mehr um Konzepte, die weiter in die Zukunft reichen. Und so sagt er, dass »Sicherheit im Alter« das nächste große Thema sei: »Dabei geht es um tatsächliche Sicherheit im unmittelbaren Umfeld der Wohnung, aber auch um die gefühlte Sicherheit in der Umgebung.« Beantwortet werden müssen Fragen wie: Kann ich schnell nach Hilfe rufen? Habe ich alles, was ich brauche, in unmittelbarer oder zumindest erreichbarer Nähe? Ärzte, Pflegeeinrichtungen, Einkaufsmöglichkeiten, kulturelle Angebote? Eines nämlich ist für Feddersen unverrückbar klar: An dem eindeutigen Wunsch der Menschen, in ihren eigenen vier Wänden alt zu werden, wird sich auch in absehbarer Zeit nichts ändern.

Deshalb gilt es aus seiner Sicht zwei große Fragen zu thematisieren: Wie kann man der Einsamkeit entkommen, die sich im Alter bei manchen verstärkt? Und wie kann man die Institutionen der Gesundheitsfürsorge so konzipieren, dass sie ihre Nutzer möglichst wenig abhängig machen, ihnen also die größtmögliche Freiheit und persönliche Selbstbestimmung erlauben?

Für das unmittelbare Wohnumfeld entwirft Feddersen inzwischen Grundrisse, die die Wohnungen optisch vergrößern, indem das Bad als zentraler Block in der Mitte der Wohnung angeordnet ist. Auf Türen kann dann weitgehend verzichtet werden, weil die Wohn- und Schlafbereiche so durch die Architektur getrennt werden können. »Das ermöglicht den Bewohnern einen Rundumlauf, bei dem sie nicht durch Türen oder Gänge blockiert werden«, sagt Feddersen. Die Bäder selbst werden mit Lichtbändern ausgestattet, so dass Tageslicht einfällt.

Für ganz wichtig hält er auch große Balkone mit mindestens zwei Meter Tiefe. »Vier Personen müssen auf dem Balkon gemütlich Kaffee trinken können«, formuliert er als Voraussetzung. Denn gerade im Alter würden die Balkone sehr oft zum Ersatz für den Gang in den Garten oder Spaziergänge.

Eine zielführende Antwort auf die Frage, wie man Selbstständigkeit erhalten und drohende Einsamkeit abwenden kann, sieht Feddersen im weiteren Umfeld der Menschen, vor allem in einem aktiven Quartiersmanagement: »Alle wichtigen Infrastruktureinrichtungen dürfen im Alter maximal 500 Meter entfernt liegen«, sagt er. Das sind maximal tausend Schritte. Feddersen wünscht sich Quartiere, die genau das bieten – und Menschen, die sich aktiv um die Nachbarschaft im Quartier kümmern. Weit besser als Sozialarbeiter könnten das

Mitbürger und Mitbürgerinnen tun, die in ihrem Leben immer wieder Verantwortung übernommen hätten – in der Familie, in Unternehmen und auch im Ehrenamt.

So ließe sich für ihn auch der Pflegeproblematik in den späteren Jahren der Hochaltrigkeit ab 85 begegnen: »Wenn innerhalb von tausend Schritten für jeden eine gut erreichbare Tagespflege wäre, würde das auf einen Schlag eine sehr hohe Sicherheit im Altersprozess schaffen«, sagt er.

Überzeugend findet der Berliner Architekt auch die Ansätze in einigen Städten und Kommunen, Einrichtungen für Kinder und Senioren in enger räumlicher Nähe oder sogar zusammen zu bauen: »Kleine Kinder und Ältere harmonieren sehr gut zusammen und bereichern sich gegenseitig.« Und schließlich geht es dem Vordenker auch um das, was er die »Körnigkeit der Stadt« nennt: Wollen wir weiter Hochhäuser bauen oder lieber in die Ebene gehen? Wäre es nicht besser, geschützte Räume zu entwerfen, die Ältere angenehm durchwandern können und so von einem Haus ins nächste kommen? Was bedeuten diese Konzepte für die Stadt der Zukunft, für die Beleuchtungs- und Sicherheitssysteme und nicht zuletzt für die Mobilitätsanforderungen?

Feddersen schaut sich gern in der Schweiz um, wenn er nach zukunftsweisenden Wohnkonzepten für das Alter sucht. Dort gibt es spezielle Wohnungen für Ältere mit Notruf- und Sicherheitssystemen in unmittelbarer Nähe von zentralen Einkaufs- und Kulturzentren. So kann jeder das nutzen, was er braucht, und möglichst lange eigenständig wohnen.

Noch gibt es nur wenige Städte in Deutschland, deren Demografiekonzepte so weit gehen, sich auch über ein aktives Quartiersmanagement Gedanken zu machen. Meist beschäftigen sich die Kommunen damit, wie sie mit dem Rückgang der Einwohnerzahl umgehen sollen. Und es gibt immer mehr, die hierfür sehr interessante Konzepte gefunden haben.

KAPITEL 9

Städte im Wandel – Wie sich Kommunen auf den demografischen Wandel einstellen

Es war im Jahr 1995, als die Stadt Arnsberg allen über 50-jährigen Bürgern eine Postkarte schrieb. »Wie wollen Sie im Alter leben?« stand darauf. Die Aktion war ein Skandal – und ein voller Erfolg. »Viele haben sich unglaublich aufgeregt, was die Stadt das denn angehen würde«, erinnert sich Marita Gerwin von der Fachstelle *Zukunft Alter* in Arnsberg. Doch dann ging die erhoffte Diskussion los. Sagenhafte 48 Prozent der 28 000 Angeschriebenen reagierten und schickten ihre Wünsche. In Dutzenden von Veranstaltungen und Workshops diskutierten die Arnsberger über ihre Zukunft. Ganz bewusst wurden viele an untypischen Orten wie Kindergärten abgehalten. »Da saßen die Erwachsenen dann auf den Kinderstühlchen, während wir darüber geredet haben, dass durch den Bevölkerungsschwund ganze Stadtteile verschwinden«, sagt Gerwin, »das hat eine hohe persönliche Betroffenheit ausgelöst.«

Schnell wurde klar, dass die Verwaltung zwar wichtige Impulse setzen kann, doch die Bürger ihre Zukunft selbst in die Hand nehmen müssen. So gründete die Stadt eine Zukunftsagentur und die Fachstelle *Zukunft Alter* als eine Art »Denk-Gremium« und siedelte sie bewusst als Stabsstelle beim Bürgermeister an. Hinzu kommt eine sogenannte »Engagementförderung«, die ebenfalls als Querschnittsgremium gedacht ist.

Aus den Diskussionen mit den Bürgern entwickelte sich die Zielsetzung, keinesfalls eine Altenpolitik zu machen, sondern die Aktivitäten auf einen Dialog der Generationen auszurichten. Heute helfen Senioren in den Kindergärten und spielen bei Theateraufführungen dort mit. Im Jugendzentrum wurde ein »Zirkus der Generationen« entwickelt, bei dem sogar demenziell Beeinträchtigte auf der Bühne Zaubertricks zeigen. Im Marionettentheater wurden Figuren gebaut, die man auch auf Rollstühle stellen kann. In den Kindergärten und den Büchereien gibt es jetzt auch Kinderliteratur, wo Alte nicht nur als stereotype Oma mit Dutt und Gemüsegarten, sondern als aktive Männer und Frauen mit unterschiedlichsten Interessen dargestellt werden.

Wohl in keinem Bereich wurde so früh auf die Folgen der demografischen Veränderungen hingewiesen wie bei Städten und Gemeinden. Und durch die dramatischen Wanderungsbewegungen in Deutschland nach dem Fall der Mauer erleben wir in Ostdeutschland seit zwei Jahrzehnten, was es wirklich bedeutet, wenn eine Stadt, Region oder ein Bundesland 10, 20 oder 30 Prozent seiner Bevölkerung verliert. Weil im Osten vor allem die Jungen abgewandert sind und weiterhin fortziehen, sind inzwischen auch die Folgen der Alterung offensichtlich: Kindergärten schließen, Schulen werden zu Seniorenheimen umgebaut, der öffentliche Nahverkehr wird stark reduziert.

Auch diese Diskussion wird in Deutschland weitestgehend als Verlustdebatte geführt. Wir sehen die Veränderungen fast ausschließlich in negativem Kontext – und haben zunächst auch einmal wenig Grund, sie anders zu sehen. In der Tat sind die Herausforderungen für die kommunale Infrastruktur in Ostdeutschland gewaltig. Die Regionen in Westdeutschland, die diesen Prozess in den nächsten Jahrzehnten vor sich haben, sind nicht zu beneiden.

Mittlerweile fallen auch in den eher abgelegenen ländlichen Regionen im Westen die Immobilienpreise teilweise dramatisch. Im Bayerischen Wald und Teilen von Franken, in Nordhessen, Teilen des Saarlands und des Ruhrgebiets hat die Schrumpfung und Alterung bereits spürbar eingesetzt. Oftmals sind die Immobilienpreise dort in den letzten zehn Jahren bereits um bis zu 30 Prozent gesunken[154].

Wenn die Kommune in einer solchen Situation nicht gegensteuert und immer mehr Häuser leer stehen, beginnt ein Prozess der städtischen und dörflichen Verwahrlosung, der kaum mehr zu stoppen ist. Niemand möchte neu in derartige »sterbende Dörfer« ziehen, immer mehr ziehen weg und verstärken so noch die Auswirkungen der demografischen Entwicklung. Die

Kommune kann ihre Infrastruktur nicht mehr aufrecht-
erhalten und beginnt, Kindergärten, Sportplätze und
Schwimmbäder zu schließen. Je unattraktiver der Ort
wird, desto mehr beschleunigt sich die Flucht aus ihm.

Schließlich bleiben nur noch die Alten zurück, die
nicht flüchten können und wollen – und eine für die wenigen Einwohner meist total überdimensionierte kommunale Infrastruktur mit leer stehenden Schulen, Ab-
wasserkanälen, durch die zu wenig Wasser fließt, und
einem Straßennetz, das zu groß ist, um noch repariert
werden zu können. Die Kommunen müssen immer weiter ihre Gebühren erhöhen und haben doch immer weniger Einwohner, die sie bezahlen können. Zum Schluss
fehlt jeglicher Spielraum, der Bürgermeister gibt auf –
und die Dörfer und Städte enden nicht selten unter
kommunaler Zwangsverwaltung der jeweils höheren
Verwaltungseinheit.

Dieses Szenario spielt sich in Ostdeutschland seit
zwei Jahrzehnten in sich immer weiter verschärfender
Dimension ab. Nun erreicht es den Westen und wird
– spätestens dann – zu einem beherrschenden Thema.
Denn an wenig glauben die Deutschen so sehr wie an
die These vom »Betongold«, dem unerschütterlichen
Wert ihrer Einfamilienhäuser. Zudem gelten sie als die
beste Sicherung für das Alter – auch das ein Glaubens-
satz, den man künftig in Zweifel wird ziehen müssen.

Die wären allerdings schon längst angebracht: Sowohl die Schrumpfung als auch die Alterung der Städte
und Gemeinden ist in den vergangenen zwei Jahrzehnten sehr gut beschrieben und analysiert worden. Es

liegen Dutzende von Büchern und Studien vor. Auf Internetplattformen wie *wegweiser-kommune.de*[155] können sich Interessierte detailliert ansehen, wie die demografische Entwicklung in ihrer Stadt oder Gemeinde bis zum Jahr 2030 verlaufen wird, und dies mit ähnlich strukturierten Kommunen vergleichen.

Hier soll der Fokus deshalb darauf liegen, was interessierte Bürger tun können, um in ihrer »Wunschkommune« gute Bedingungen fürs Älterwerden zu haben. Viele werden dort leben bleiben wollen, wo sie bereits wohnen und Familie, Freunde und ihr gesellschaftliches Umfeld haben. Manche aber überlegen sich in der zweiten Lebenshälfte auch, noch einmal umzuziehen.

In den USA beispielsweise gibt es seit langem eigens erstellte Listen über die »besten Orte für den Ruhestand«[156]. »Entspannen Sie sich und träumen Sie ein wenig. Ihr Ruhestand ist möglicherweise noch Jahre oder gar Jahrzehnte entfernt. Aber das bedeutet nicht, dass Sie nicht ein wenig darüber nachsinnen dürfen – und auch darüber, wo Sie die goldenen Jahre verbringen möchten«, heißt es beispielsweise in der Einleitung der 2007er-Liste von *U.S. News & World Report*.

2000 Orte mit über 15 000 Einwohnern hat die Redaktion nach Kriterien wie Lebenshaltungskosten, Klima, Kriminalitätsrate, Zugang zu medizinischer Versorgung, Bildungs- und Kultureinrichtungen sowie Freizeitmöglichkeiten sortiert. Die zehn, die der Redaktion am besten gefallen haben, werden vorgestellt. Alle anderen können in ständig aktualisierten Datenbanken nach den jeweiligen Präferenzen der Umzugswilligen gesucht werden.

In Deutschland sind derartige »Bestenlisten« noch unbekannt, wohl auch weil die Menschen hierzulande generell weniger mobil sind als in den USA. Doch auch hier steigt die Bereitschaft seit Jahren, im Alter noch einmal umzuziehen. Und schon gibt es auch die ersten Städte, die ganz bewusst damit Werbung machen, dass sie besonders auf die Bedürfnisse Älterer ausgelegt sind.

Eine davon ist der Kurort Bad Sassendorf in Nordrhein-Westfalen. Schon vor Jahren hat der 12 000-Einwohner-Ort in der Nähe von Soest begonnen, aktiv um Senioren zu werben. Der Kurpark wurde noch schöner, die Wege barrierefrei, überall gibt es Rampen für Rollstuhlfahrer statt Treppen. Dutzende von Cafés und Gaststätten bieten für jeden Geschmack etwas. Und jeden Tag ist ab dem späten Nachmittag Seniorentanz.

Die Strategie von Bürgermeister Bahlmann ging auf: Immer mehr Senioren sind nach Bad Sassendorf gezogen, so dass der Ort seine Einwohnerzahl sogar noch steigern konnte. Nun ist das Durchschnittsalter dort so hoch, wie es in ganz Deutschland erst im Jahr 2034 nach Berechnungen des Prognos-Instituts sein wird.

Wer in Bad Sassendorf spazieren geht, sieht fast nur graue Schöpfe. Und eine Menge Rollstuhlfahrer. Eine Dame aus Bochum schiebt ihren Mann, beide haben den Aufenthalt in Bad Sassendorf als Geburtstagsgeschenk bekommen. »Es ist sehr behindertengerecht hier, das ist wirklich angenehm für uns«, sagt sie. Sogar die Saline ist rollstuhlgerecht mit einer Rampe ausgerüstet.

Auch Görlitz in Ostdeutschland gehört zu den Orten,

die konsequent auf den Zuzug Älterer setzen. Man lädt sogar ganze Busladungen von Senioren an die deutsch-polnische Grenze ein und wirbt damit, besonders alten-gerecht zu sein. In Meppen im Emsland entsteht gerade eine eigene kleine Siedlung mit 44 Häusern und einem Gemeinschaftszentrum nur für Senioren. »Geronto-polis« taufte die *Süddeutsche Zeitung* den Ort.

Genauso wie in den Vereinigten Staaten sind es eher wohlhabende Senioren, die sich in den eigens für sie hergerichteten Kommunen niederlassen. Kommen sie neu in die Stadt, sind sie oft weit gereist und noch mo-bil, schließlich haben sie sich bewusst für den Umzug entschieden.

Die ersten Probleme tauchen einige Jahre später auf, wenn aus agilen 75-Jährigen eventuell pflegebedürftige 85-Jährige werden. Eine Seniorenkommune wie Bad Sas-sendorf altert dann noch schneller. Sollte das Vermögen der Neubürger nicht reichen, kehrt sich der ursprüng-liche Vorteil der Zuzügler, Wohlstand in die Stadt zu bringen, ins Gegenteil um. Dann muss die Kommune die Grundsicherung übernehmen und Miet- und Lebenskos-ten der Senioren bezahlen.

In der Grundsicherung steckt eine bislang noch kaum diskutierte Sprengkraft für die öffentlichen Haushalte. Auch deshalb sollten Bürgermeister daran interessiert sein, Bedingungen in ihrer Stadt zu schaffen, die die Be-wohner möglichst lang gesund und fit halten.

Schon seit einigen Jahren nämlich steigt die Zahl de-rer, die Leistungen der Grundsicherung erhalten. Waren es 2003 noch rund 439 000 Leistungsempfänger,[157] wurden zu Ende des Jahres 2010 rund 797 000 Personen[158] gezählt. Auf 1000 Mitbürger über 65 Jahre umgerechnet, sind das 28 Frauen und 20 Männer.

Auch die Kosten dafür steigen. Betrugen die Ausgaben für die Grundsicherung im Jahr 2006 insgesamt 3,158 Milliarden Euro, so waren 2010 schon 4,107 Milliarden Euro fällig. Das entspricht etwa 18,9 Prozent der Sozialhilfeausgaben[159]. Ab dem Jahr 2012 übernimmt der Bund schrittweise die Kosten für die Grundsicherung[160] und wird im Jahr 2015 dann 4,35 Milliarden Euro jährlich beisteuern.

Bad Sassendorf hat sich jedenfalls vor kurzem entschlossen, den Trend wieder umzukehren, und wirbt jetzt auch um junge Familien. Das Beispiel zeigt aber sehr schön, wie empfehlenswert es ist, sich über die Altersschichtung in der Stadt oder Kommune, in der man zukünftig leben möchte, zu informieren. Denn diese ist zwar durch Wanderungen zu beeinflussen, doch dürften derart dramatische Veränderungen wie in Ostdeutschland eher der Sonderfall sein. In der Regel gilt, dass ein Blick auf die bestehenden Verhältnisse einen sehr guten Indikator für die anstehenden Veränderungen der nächsten zwei Jahrzehnte gibt.

Auch in der kleinen Gemeinde Hiddenhausen in Ostwestfalen-Lippe kam der Schock mit diesen Zahlen. »Wir haben im Jahr 2004 einen Altersatlas unserer Kommune anfertigen lassen«, erinnert sich Andreas Homburg[161]. Schon zuvor war dem Leiter des Amtes für Gemeindeentwicklung der Gemeinde Hiddenhausen und seinem

Bürgermeister klar, dass ihre Kommune in den kommenden Jahrzehnten deutlich schrumpfen würde. Doch was in roter und grüner Farbe auf den Karten eingetragen war, machte diese abstrakte Botschaft sehr real: Jede Menge Rentner und nur sehr wenige Kinder.

»Das hat uns wachgerüttelt«, erinnert sich Homburg. Noch mehr Neubauflächen konnte die Gemeinde mit ihren rund 20 000 Einwohnern in sechs Ortsteilen nicht mehr ausweisen, dazu reichte der Platz nicht. Und in den Orten selbst nahm der Leerstand kontinuierlich zu.

So entwickelten Homburg und seine Kollegen in vielen Diskussionen das Programm *Jung kauft Alt*: Es soll das Renovierungsrisiko bei Altbauten weitgehend minimieren und Käufer mit einem finanziellen Anreiz dazu bewegen, in Bestandsimmobilien zu investieren.

»Für Käufer ist es bei Altbauten sehr schwer, den Sanierungsaufwand einzuschätzen«, erzählt Homburg. »Dieses Risiko nehmen wir ihnen ab, indem wir bis zu 1500 Euro für ein Altbaugutachten beisteuern.« Wer sich dann für die mindestens 25 Jahre alte Bestandsimmobilie entscheidet, bekommt für sechs Jahre einen jährlichen Grundbetrag von 600 Euro und einen Zusatzbetrag von 300 Euro für jedes minderjährige Kind im Haushalt. Maximal werden 9000 Euro pro Familie ausbezahlt.

In einem runden Tisch mit Architekten, Bauplanern, Maklern und Finanzexperten der örtlichen Banken haben Homburg und sein Team das Programm besprochen. Im Jahr 2007 konnten sie auch den Rat der Gemeinde überzeugen, entsprechende Mittel zu genehmigen.

Zwölf Familien ließen sich schon im ersten Jahr auf

Jung kauft Alt ein. »Sie schätzen die gewachsene Struktur in den Dorfkernen, und sehr oft sind auch die Grundstücke mit den Altbauten größer«, sagt Homburg. Während in einem Neubaugebiet oftmals auf Jahre hinaus an den Straßen und der Infrastruktur gebaut wird, ist im Dorfkern alles vorhanden: Die Bäume in den Gärten sind schon hoch, und zum Fußballplatz und zum Bäcker ist es nicht weit.

»Unser Programm ist gut für alle Beteiligten: die Käufer, die Verkäufer und die Gemeinde«, sagt Homburg. Der Leerstand konnte so reduziert und der damit einhergehende Preisverfall der Immobilien zumindest gebremst werden.

Die Gemeinde muss keine zusätzlichen Neubaugebiete mit der dafür notwendigen Infrastruktur ausweisen, sondern kann sich bei ihren Investitionen auf die gewachsenen Strukturen konzentrieren. Und die Käufer haben durch das Altbaugutachten Sicherheit vor finanziellen Überraschungen und durch die zusätzliche finanzielle Förderung einen klaren Kaufanreiz für einen Altbau. So hat die Gemeinde seit dem Start des Programms 2007 Neubauflächen von gerade mal etwas mehr als einem Fußballfeld ausgewiesen, insgesamt 0,94 Hektar. Im Zeitraum 1997 bis 2006 waren es noch 27,85 Hektar. Trotzdem wächst die Kommune wieder, statt wie bisher zu schrumpfen.

War der Saldo zwischen Zu- und Fortzügen bis 2009 noch deutlich negativ, wurden 2010 drei Zuzüge mehr registriert. Im Lauf des Jahres 2011 waren es bereits 15. Auch die Zahl der Kinder unter drei Jahren steigt wieder.

»In den von uns geförderten Familien in den Altbauten wurden sogar 21 neugeborene Babys während des Förderzeitraums registriert«, freut sich Andreas Homburg. Ihre Eltern bekommen einen besonderen Bonus: Für jedes im Förderzeitraum geborene Kind gibt es zusätzlich 300 Euro pro Jahr.

Unlängst hat der Rat der Gemeinde das Programm verlängert. Amtsleiter Homburg wird inzwischen immer häufiger von anderen Gemeinden für Vorträge über das Hiddenhausener Modell angefragt. Für den langjährigen Wirtschaftsförderer ist das auch eine kleine persönliche Genugtuung. »Als wir angefangen haben, haben unsere Kollegen uns nicht ernst genommen«, erzählt er. »Nun sagen sie uns, wir sind klar im Vorteil, weil wir den Menschen sagen: Ihr seid uns willkommen, wenn ihr zu uns ins Dorf zieht.«

Das Beispiel Hiddenhausen zeigt, wie auch eine kleine Kommune kreativ mit dem demografischen Wandel umgehen kann. Das Dorf, dem die Statistikprognose ein ständiges Schrumpfen voraussagte, wächst wieder: Die Hälfte der von *Jung kauft Alt* geförderten Familien sind Zuzügler aus andere Gemeinden.

Bürgermeister Armin König hat auf einem Kongress zum ersten Mal von dem Beispiel Hiddenhausen gehört: »Die Idee ist gut, aber Hiddenhausen zahlt einen hohen Preis für ein solches Ergebnis«, sagt der seit 1996 amtierende und im Jahr 2011 zum dritten Mal wiedergewählte Ratschef einer 17 000-Einwohner-Kommune im Saarland. »Wenn andere dem nacheifern, was Amtsleiter

Andreas Homburg präsentierte, führt das möglicherweise zu einer Kannibalisierung der Kommunen und einer Vernichtung von Ressourcen.«

König hat deshalb eine andere Strategie gewählt: »Mehr Dorf für weniger Menschen«, nennt es der Germanist und promovierte Verwaltungswissenschaftler. Ein zentraler Baustein dabei ist der offensive Abriss leer stehender Häuser. Wenn sie unbewohnt sind, verwahrlosen sie zunehmend – und senken dadurch auch den Wohnwert der Umgebung. Je mehr Leerstand, desto unattraktiver oft auch die Straße oder gar die Gemeinde. Dagegen will König mit dem Abriss angehen. Also ließ er Transparente mit Aufschriften wie »Mich hat's zuerst erwischt!« oder »Ich bin als Nächstes dran!«[162] an den teilweise schon stark verfallenen Immobilien anbringen.

Der Bürgermeister wollte damit Aufsehen erregen und Diskussionen anstoßen. »Leer stehende Häuser sind ein Signal für demografischen Wandel«, sagt er. »Viele Bürgermeister thematisieren das aber noch nicht aus Angst, vom Bürger bei den nächsten Wahlen abgestraft zu werden.«

König wählte den umgekehrten Weg. 2006 legte er das Zukunftsprogramm *Illingen 2030* auf und begann wie sein Kollege in Arnsberg eine intensive Debatte mit den Bürgern. Dabei hat sich das Illinger Leerstandskataster als das »am schnellsten wirksame Instrument« zum Bewusstseinswandel im Dorf erwiesen, meint König. Dabei wird der leer stehende Wohnraum anhand der Daten des Katasteramtes erfasst. Zwar sei die Leerstandsquote von 1,5 bis 2 Prozent »unproblematisch und beherrschbar« gewesen, doch ein »wachsender Bodensatz von Problemhäusern« verschandelte die Gemeinde zunehmend.

Mit der Berufung eines »Leerstandsmanagers« bekam diese Sorge zudem ein »öffentliches Gesicht«, wie König es nennt. Auch die Plakate dienten dem Zweck, aufzurütteln und die Kooperationsbereitschaft der Besitzer der Problemimmobilien zu wecken. Viele hatten unrealistische Vorstellungen vom Wert der Häuser und mussten deshalb mühsam überzeugt werden, auch zu niedrigeren Preisen zu verkaufen. Bei manchen Immobilien kam aber nur noch der Abriss in Frage. Mit den dort angebrachten Plakaten zelebrierte König das regelrecht – ein Teil seines Mottos »Mehr Dorf für weniger Menschen«.

»Demografie ist Quartierspolitik« ist dabei der zentrale Leitgedanke des engagierten Kommunalpolitikers, der auch bundesweit in vielen Gremien zum Thema sitzt. Jedem einzelnen Abriss ging eine intensive Debatte unter den Bürgern voraus. »Sie müssen in den Straßen der Orte informieren, Vertrauen schaffen, aber auch provozieren und kommunizieren – all dies gehört zur Erfolgsstrategie«, sagt er.

Auch in dem nordhessischen Städtchen Wanfried war es ein von zwei Bürgern initiiertes und vom Bürgermeister sofort unterstütztes Leerstandskataster, das den Startschuss zur folgenden Revitalisierung des schrumpfenden Ortes gegeben hat. Der Leerstand in der eigentlich wunderschön im Werratal gelegenen Stadt war so groß, dass selbst prächtigste Fachwerkhäuser für unter 10 000 Euro verkauft wurden.

Viele von ihnen stammen noch aus der Zeit, als die Weser-Werra-Schifffahrt Wanfried zu einem bedeutenden Umschlagplatz für Waren von und nach Südosteuropa machte. Prächtige Kaufmannshäuser entstanden, viele stehen noch heute. Doch durch die Lage direkt an der früheren innerdeutschen Grenze und den Niedergang der Textilindustrie verlor Wanfried im vergangenen Jahrhundert immer mehr Einwohner. Das schmucke Städtchen ist deshalb heute schon dort, wo die meisten anderen Kommunen erst in zehn bis zwanzig Jahren sein werden.

Als zwei Wanfrieder Bürger 2006 die Idee zum Leerstandskataster hatten, wurde daraus schnell eine Bürgergruppe[163], die seitdem nach Käufern für die Häuser sucht. In der Gruppe gibt es Architekten und Finanzfachleute, aber auch Ingenieure und Vertreter ganz fachfremder Berufe.

Dass sie in Holland fündig wurden, war Zufall: »Bei der Feier zum 400-jährigen Stadtrecht haben wir die Bürgergruppe vorgestellt«, erzählt Jürgen Rödiger, der 2007 zur Bürgergruppe dazukam und heute ihr Sprecher ist. Eine holländische Familie, die seit über einem Jahrzehnt in der Gegend lebte, erfuhr davon und kam mit einem örtlichen Händler ins Gespräch. »Holländer suchen nach Fachwerkhäusern«, rieten sie ihm, als sie ihren Rasenmäher zur Reparatur abgaben. Der Händler gab das an Bürgermeister Gebhard weiter und der an die Bürgergruppe.

Wanfried schaltete eine Anzeige auf einem der beliebtesten holländischen Internet-Marktplätze – und wenig später waren auch schon die ersten Interessenten da.

»Das erste verkaufte Haus stand zehn Jahre leer und sollte 12 000 Euro kosten«, erinnert sich Jürgen Rödiger. Inzwischen hat die Bürgergruppe 20 leer stehende Häuser verkauft und über 650 000 Euro an zusätzlichen Aufträgen für die lokalen Handwerker generiert.

Denn das Erfolgsmodell von Wanfried ist nicht nur die schöne Lage und die hübschen Häuser, sondern vor allem die Betreuung durch die Bürgergruppe. So fühlen sich die Interessenten von Anfang an willkommen. Die Architekten und Finanzexperten geben zum Beispiel eine erste Schätzung über die Renovierungskosten ab. »Wir haben uns mit den lokalen Handwerkern getroffen und ihnen gesagt, dass wir sie bei den Käufern empfehlen werden«, sagt Rödiger. »Aber wir erwarten auch, dass sie gute Arbeit abliefern.«

Inzwischen ist es der Bürgergruppe sogar gelungen, Fördergelder für den Umbau eines Hauses in ein Fachwerkmusterhaus zu bekommen. Dort können sich künftige Käufer nun informieren, welche unterschiedlichen Methoden für den Umbau der alten Häuser zur Verfügung stehen. So wurden drei unterschiedliche Dämmmethoden im Fachwerkmusterhaus verwendet, als Licht werden moderne LED-Leuchten eingesetzt. »Wir wollen zeigen, was alles machbar ist«, sagt Rödiger. »Viele können sich nur schwer vorstellen, wie die Häuser später aussehen können.«

Der Elektroingenieur und seine Mitstreiter renovieren auch selbst: Die Bürgergruppe kümmert sich um die Sanierung der »Uraltschule«, wie man sie dort nennt, eines klassizistischen Sandsteingebäudes von 1843. Jeden Mittwoch trifft sich die Gruppe zum freiwilligen Arbeitseinsatz. Als sie kürzlich eine 700-Euro-Spende bekam, verteilte sie das Geld in Zehn-Euro-Scheinen an interessierte Bürger und bat sie, daraus mehr zu machen. Manche kochten damit Marmelade ein, die hinterher wieder verkauft wurde. Schüler boten Kartoffelpuffer beim Schulfest an. Und eine Violinistin erstand damit Noten, um ein Konzert zu geben – und machte so 300 Euro aus ihren zehn Euro. »Wir konnten das Geld so fast verfünffachen«, freut sich Rödiger.

All diese Aktivitäten haben neue Energie in die Stadt gebracht und die Bürger insgesamt aktiviert. »Die Stimmung ist viel besser geworden«, sagt Rödiger, der selbst in Wanfried geboren ist. Die Bürger wissen nun, was sie selbst mit Engagement erreichen können. Jedes verkaufte und renovierte Haus macht das Städtchen nicht nur schöner, sondern hilft, die Infrastruktur für alle Bürger zu erhalten. Mehrere Lebensmittelgeschäfte gibt es im Ort, sechs Ärzte und einen Tierarzt, verschiedene Gaststätten.

2010 wuchs erstmals auch die Bevölkerung wieder, wenn auch nur um bescheidene 21 Menschen. Doch darum geht es gar nicht, wichtig ist vor allem, dem Schwund entgegenzuwirken. Hier zeigt Wanfried, was mit Bürgerengagement alles möglich ist – und wie entscheidend es ist, dass sich die Bürger einmischen. »Viele kleine Gemeinden und Städte liegen landschaftlich ansprechend, sind preiswert und könnten ältere Großstädter ansprechen, die dort unglücklich sind«, meint Jürgen Rödiger. Und in der Tat nimmt das Interesse anderer Städte und Gemeinden am Wanfrieder Erfolgsmodell zu. Die Mitglieder der Bürgergruppe werden inzwischen immer öfter angefragt, ob sie ihre Erfahrungen weitergeben können.

Das tun sie gerne, denn auch sie profitieren stark von ihrem Engagement. »Es macht Spaß, wir lernen interessante Leute kennen, und das ganze öffnet neue Horizonte«, sagt Rödiger über sich und seine Mitstreiter, »und es hält jung.«

Wer sich also fragt, wie er selbst dabei mithelfen kann, seinen Heimatort demografiefest zu machen, sollte zuerst erkunden, ob es bereits ein Leerstandskataster gibt oder die Kommune wenigstens über genaue Daten zur Altersschichtung in den einzelnen Stadtvierteln verfügt.

Für einen ersten Eindruck reicht der Blick über den Gartenzaun: Wenn ringsum ähnliche Häuser aus dem ähnlichen Baujahr stehen und wenig Kinder zu sehen sind, wird es problematisch. Denn die vielen Neubaugebiete der 70er und 80er Jahre altern inzwischen auch gemeinsam – und haben schon oder bekommen alle die gleichen Probleme, wenn die Besitzer im hohen Alter oder ihre Erben die Immobilien verkaufen wollen.

Noch jedoch gibt es in vielen Regionen, Städten und Kommunen Handlungsoptionen. Manche davon wurden hier beschrieben, andere werden sich in den nächsten Jahren neu entwickeln. Gewinner der Entwicklung werden eindeutig attraktive Großstädte mit umfassenden Kultur-, Gesundheits- und Freizeitangeboten sein. Hier sind die Aussichten auf weiter steigende Immobilienpreise zumindest in den guten Lagen noch intakt – und auch die Bevölkerung könnte teilweise sogar weiter zulegen. Zumindest wird dies für Städte wie Berlin, Hamburg, München und Stuttgart prognostiziert.

Sie sind zwar nicht von der Schrumpfung betroffen, sehr wohl aber von der Alterung. Und weil es in den Städten anteilig sehr viel mehr Singles gibt als auf dem Land, wird das Kernproblem dort künftig sein, wie man die älteren Mitbürger aus ihren vier Wänden heraus- und aktiv ins Stadtleben hineinholen kann.

In Stuttgart beispielsweise werden Kindergärten und Senioreneinrichtungen, wo immer es geht, in enger räumlicher Nähe geplant und gebaut. Das funktioniert prächtig, weil beide Gruppen sich gern besuchen. »Kleine Kinder gehen sehr unbefangen an das Thema Alter heran«, sagt Marita Gerwin von der Fachstelle *Zukunft Alter* im sauerländischen Arnsberg, »sie sind neugierig und unvoreingenommen«. Das ist ideal für die Zusammenarbeit mit Älteren, auch mit Demenzkranken.

Ebenso haben die Älteren Spaß an Projekten mit Kindern. In Arnsberg beispielsweise wurde in einer Kita ein Stück auf Basis der *Kleinen Raupe Nimmersatt* als Schwarzlichttheater aufgeführt. Viele Ältere haben mitgearbeitet, am Bühnenbild, am Ton, bei den Kostümen. Insgesamt reichte das Altersspektrum von vier bis 87 Jahre. So sehen die Kinder ganz realistische Bilder vom Alter.

Aber auch hier gilt: Erfinden und umsetzen müssen die Strategien diejenigen, die jetzt um die 50 sind – im eigenen Interesse. Eine dieser Strategien ist beispielsweise aktives Quartiersmanagement, wie es heute schon von vorausschauenden Immobilienanbietern betrieben wird. Denn auch in der Großstadt lebt es sich einfacher, wenn die Wege des täglichen Lebens kurz sind.

Was die Technik heute schon hergibt, zeigt ein Modellprojekt der Deutschen Telekom in Friedrichshafen. Dazu wurde die gesamte Stadt mit superschnellem Internet ausgestattet, viele Bewohner haben zudem sogenannte intelligente Stromzähler bekommen.

»Wir haben zusammen mit einem großen Wohnungsanbieter hier vor Ort ein Haus mit 18 Wohnungen mit je einem Bildschirmterminal ausgestattet, das den Mietern länger ein eigenständiges Leben im Alter ermöglichen soll«, sagt Maximilian Zollner. Der pensionierte Arzt ist eine Art Mittler zwischen der Stadt, der Telekom und den Bewohnern.

Über einen Touchscreen können die Bewohner schnell und einfach mit dem Dienst der Diakonie telefonieren, Essen und Getränke bestellen oder auch die Apotheke anrufen. »Über die Videofunktion können sie beispielsweise dem Mitarbeiter in der Apotheke das Rezept zeigen und sich die Medikamente dann liefern lassen«, beschreibt Zollner die technischen Möglichkeiten.

Der Arzt hat der Stadt vorgerechnet, wie sehr sie davon profitieren würde, wenn Ältere durch den Einsatz technischer Assistenzsysteme länger zu Hause leben können. »Ein Pflegeplatz in Stufe 1 kostet bei uns in der Region derzeit 2800 Euro im Monat, von dem die Pflegekasse 1100 Euro übernimmt«, sagt Zollner. Setzt man die Lebenshaltungskosten mit 700 Euro an, bleiben 1000 Euro, die entweder der zu Pflegende und seine Angehörigen oder aber im Bedarfsfall die Stadtkasse übernehmen muss.

»Die ersten Monate haben bereits gezeigt, dass das System gut funktioniert und leicht zu bedienen ist«, berichtet Zollner von den Erfahrungen der Nutzer, die die Bildschirme seit Februar 2011 in ihren Wohnungen haben. Einige wünschen sich inzwischen Tablet-Computer statt des jetzigen stationären Bildschirms, der im Flur angebracht ist.

Noch bezahlen die Nutzer nichts für das System. Ob sie es kaufen würden und zu welchem Preis, ist also noch völlig offen. Klar scheint jedoch schon, dass neue Kommunikationsformen wie das Internet und soziale Netzwerke wie Facebook eine große Rolle beim Vernetzen von Stadtteilen und seinen Bewohnern spielen können. Warum sollte es nicht irgendwann einmal eine Art Facebook für ein Stadtviertel geben oder sogar für noch kleinere Einheiten wie ein paar Straßenzüge? Wo sich die Bewohner mit kleinen Dienstleistungen aushelfen oder sich spontan zum Kino verabreden? Ohne Zwang, ohne großen Aufwand, einfach so?

Harald Enderle könnte dem viel abgewinnen, denn er macht bereits etwas Ähnliches, wenn auch ohne Internet und in einer Wohnanlage statt einem Wohnviertel. Der Endvierziger betreut für die gemeinnützige *Stiftung*

Liebenau eine Wohnanlage mit rund 130 Bewohnern in der Ravensburger Weinbergstraße.

»Wir arbeiten daran, hier eine gute Nachbarschaft herzustellen«, sagt er. Zwei Drittel der insgesamt 84 Wohnungen werden an über 60-Jährige vergeben, der Rest an Jüngere, viele an Alleinerziehende.

Bereits vor 15 Jahren hat die im Bodenseeraum sehr aktive und bekannte *Stiftung Liebenau* mit den *Lebensräumen* ein Konzept für das Wohnen in der alternden Gesellschaft entworfen. Es setzt auf die nachbarschaftliche Selbsthilfe – und unterstützt sie durch sogenannte Gemeinwesenarbeiter wie Harald Enderle, der von Anfang an dabei ist. »Wir versuchen, eine Atmosphäre zu schaffen, in der sich die Bewohner selbst helfen«, sagt er.

24 Anlagen mit 800 Wohnungen und 1400 Mietern umfasst das *Lebensräume*-Programm inzwischen. Wissenschaftliche Begleitstudien haben ergeben, dass die Nachbarschaftshilfe funktioniert und die Älteren in der Tat länger in ihren Wohnungen leben und vor allem erst später, wenn überhaupt, pflegebedürftig werden. Entscheidend dabei ist, dass die Bewohner aktiv bleiben und viele Sozialkontakte haben. »Jeder hat irgendwelche Fähigkeiten, die er einbringen kann«, sagt Gemeinwesenarbeiter Enderle. »Wir thematisieren das schon vom ersten Mietgespräch an.« Mit einem fünfköpfigen Bewohnerbeirat sucht er die Mieter aus und sorgt so für eine bunte Mischung von unterschiedlichen Typen und Altersstufen. In der Weinbergstraße beispielsweise reicht die Altersspanne von zwei bis 90 Jahre.

Statt Notrufsysteme gibt es dort eine Telefonkette

und die sogenannte »Rollladen-Kontrolle«. »Weil die Bewohner sich kennen, achten sie eben auch darauf, ob bei Frau X oder Herrn Y jeden Morgen auch der Rollladen hochgezogen wird«, sagt Enderle. Ist das nicht der Fall, schaut jemand nach, ob alles in Ordnung ist.

Von alleine allerdings laufen derartige Aktivitäten nicht. Enderle und die Bewohner haben regelmäßige Treffen, um festzulegen, was sie alles vorhaben, wer was macht, und sie schreiben dann durchaus auch gemeinsam Dienstpläne für beispielsweise die Kaffeetafel. Wer dafür dann den Kuchen backt, tut das auch nicht umsonst: 1,30 Euro kostet ein Stück, der Kaffee wird mit 60 Cent berechnet. Ein kleines Detail, aber ein wichtiges: Denn so bekommen die Kuchenbäcker auch eine kleine finanzielle Anerkennung. Das Gefühl des Ausgenutztseins, das manche Ehrenamtliche nach einer Weile entwickeln, kann so erst gar nicht aufkommen.

Die ersten Häuser der *Lebensräume* hat die im Ursprung bereits 1866 gegründete und eigentlich aus der Behindertenhilfe kommende Stiftung Liebenau noch selbst gebaut. Inzwischen kooperiert sie mit Wohnungsbauunternehmen. Der dritte Partner ist immer die lokale Kommune.

Mit einem Teil des Erlöses aus dem Verkauf der Wohnungen wird an jedem Standort ein Sozialfonds eingerichtet. Aus dessen Zinserlösen wird dann der örtliche Gemeinwesenmitarbeiter bezahlt. In der Ravensburger Weinbergstraße mit ihren 84 Wohnungen sind zwei Gemeinwesenmitarbeiter im Einsatz, die sich zu zweit eine 80-Prozent-Stelle teilen. Über die Jahre hat sich herauskristallisiert, dass es für die Betreuungsintensität jeder Wohnanlage eine gute Faustregel gibt: pro Wohnung ein Prozent der Arbeitszeit. In einer Anlage mit 40 Wohnungen ist also ein Sozialarbeiter mit 40 Prozent seiner Arbeitszeit notwendig.

Zusätzlich stellt die Stiftung noch einen Gemeinschaftsraum, der von allen genutzt werden kann. In der Weinbergstraße gibt es dort beispielsweise eine Kinderbetreuung, die wöchentliche Kaffeetafel und auf Wunsch der Bewohner auch zweimal wöchentlich ein Mittagessen, das angeliefert wird.

»Alle Aktivitäten, die wir anbieten, kommen aus der Mitte der Bewohnerschaft«, sagt Enderle. »Wir diskutieren, was die Gruppe wünscht, und setzen das dann um.« Er sieht sich sehr bewusst als »Interessenvertreter der Gruppe«.

Auch das ist eine spannende Erkenntnis aus der Erfahrung der Stiftung mit den *Lebensräumen*: Die Koordination sollte von ausgebildeten Fachkräften wie Enderle geleistet werden. Denn natürlich kommt es in Gruppen auch immer wieder zu Konflikten, die geschlichtet werden müssen. Und es ist viel Organisationarbeit zu leisten. Übernehmen Bewohner diese Kooperationsarbeit, ist die Gefahr hoch, dass sie damit überfordert sind und das Wohnkonzept dadurch insgesamt bedroht wird.

Schaut man auf die nun schon fünfzehnjährige Laufzeit, erweisen sich die *Lebensräume* als ein erfolgreiches Wohnkonzept für die alternde Gesellschaft, das auch von Durchschnittsrentnern bezahlt werden kann und für die Kommune zu klaren Einsparungen führt. Die

Bewohner zahlen eine ortsübliche Durchschnittsmiete und sparen sich durch die Nachbarschaftshilfe viele der Dienstleistungen, die andere bezahlen müssen.

Gelingt es, den Zeitpunkt der Pflegebedürftigkeit weiter nach hinten zu schieben oder ganz zu vermeiden, profitieren alle Beteiligten: zuvorderst natürlich die Mieter, die länger aktiv und selbstbestimmt bleiben. Aber auch die Vermieter mit weniger Fluktuation und in großem Maße auch die Kommune, die für die Sozialleistung »Hilfe zur Pflege« für diejenigen aufkommen muss, die ihre Pflege selbst nicht mehr bezahlen können.

Alle in diesem Kapitel geschilderten Beispiele zeigen eines sehr deutlich: Je mehr Städte und Kommunen ihre Bürger einbeziehen, desto erfolgreicher werden sie in ihren Demografiestrategien sein.

Es ist unbestritten, dass insbesondere auf viele Gemeinwesen im Westen Deutschlands, in Österreich und der Schweiz große Herausforderungen zukommen. Doch in diesem demografischen Wandel liegt auch eine Chance – und zwar wenn es gelingt, die städtischen Räume für alle noch lebenswerter zu machen. Vieles, von dem Ältere profitieren, wie eine Quartiersbildung und fußläufige Wege zu den Versorgungseinrichtungen, nutzt auch den Jungen. Kommen sich Senioren und Kinder näher, weil ihre Aufenthaltsorte architektonisch verknüpft werden, können sich neue Bande jenseits des engeren Familienkontextes bilden.

KAPITEL 10

Es ist meine Zukunft –
Warum es nie spannender war,
älter zu werden

Sie gelten umgangssprachlich als die »Fünf Weisen« der
Republik: vier Herren und eine Dame im sogenannten
»Sachverständigenrat zur Begutachtung der gesamtwirt-
schaftlichen Entwicklung«. Am 18. Mai 2011 übergab
der damalige Ratsvorsitzende Wolfgang Franz im Bun-
deskanzleramt ein über 200 Seiten dickes Gutachten
an Kanzlerin Angela Merkel. In nüchternstem Ökono-
mendeutsch befassen die Experten sich darin mit den
Auswirkungen der Schrumpfung und Alterung auf den
Wohlstand in Deutschland.

Hunderte von Studien haben die Sachverständigen
und ihre Mitarbeiter darin ausgewertet und Dutzende
weiterer Experten zu Spezialthemen des demografischen Wandels befragt. Viel amtlicher als von den Mit-
gliedern des Sachverständigenrates kann man kaum
testiert bekommen, wie es denn nun tatsächlich um die
demografische Lage hierzulande bestellt ist.

Und siehe da: Deutschland wird sich nicht abschaffen. Es gibt auch kein Methusalem-Komplott. Und selbst der Krieg der Generationen fällt aus. »Wir kommen zu dem Ergebnis, dass insgesamt gesehen die ökonomischen Konsequenzen beherrschbar sind, vorausgesetzt, dass die Wirtschaftspolitik und die Gesellschaftspolitik die richtigen Maßnahmen einleiten«, berichtete Wolfgang Franz [164] der Bundeskanzlerin.

Genau darum geht es in den nächsten Jahren: Wir müssen uns trauen, das Richtige zu tun, um das Geschenk der gewonnenen Lebensjahre für alle sinnvoll zu nutzen. Das ist eine große Aufgabe, aber sie lässt sich bewältigen.

Bevor ich Ihnen – quasi als Fazit dieses Buches – meine Gründe nennen möchte, warum es nie spannender war, älter zu werden, deshalb noch etwas harte Zahlenkost und die daraus folgenden politischen Forderungen. Diese Zumutung muss leider sein. Denn der Umbau der Sozialsysteme, der Rentengesetzgebung, der Bildungsgänge und nicht zuletzt der kommunalen Infrastruktur ist eine Mammutaufgabe, die etliche Jahre beanspruchen wird. Mit der Rente mit 67 wurde allenfalls ein erster Schritt auf dem Weg in ein Land des langen Lebens gemacht.

Wenn wir jetzt anfangen, können wir diese Veränderungen nach unseren Prioritäten gestalten. Warten wir aber weiter ab und verdrängen wie bisher, steigen die (nicht nur materiellen) Kosten des demografischen Wandels deutlich. Unsere Wahlmöglichkeiten verringern sich umso stärker, je länger wir die Anpassungen aufschieben.

Das Gutachten des Sachverständigenrates[165] hat einen sehr anschaulichen Weg gefunden, unsere Optionen im demografischen Wandel zu beschreiben. Dazu haben die Experten zuerst ausgerechnet, was es uns mittelfristig an Wohlstand kostet, wenn Deutschland in den nächsten Jahrzehnten altert und schrumpft. Das bezeichnen die Experten als sogenannte »Tragfähigkeitslücke«[166]. Sie zeigt die langfristigen Risiken für die öffentlichen Finanzen durch die demografische Entwicklung und stellt in Form einer Generationenbilanz die Ausgaben von Bund, Ländern und anderen staatlichen Kassen den Einnahmen gegenüber. Das Besondere an der Tragfähigkeitslücke ist, dass nicht nur die sichtbare Verschuldung des Staates eingerechnet wird, sondern auch die Defizite von Renten-, Kranken- und Pflegekassen. So sollen alle Versorgungsansprüche der Bürger gegenüber dem Staat berücksichtigt werden.

Dann haben die Sachverständigen sich angesehen, wie sich verschiedene Handlungsoptionen auf die Tragfähigkeitslücke auswirken. Würden alle umgesetzt, könnten die Folgen der demografischen Veränderungen zumindest für die öffentlichen Haushalte und Sozialkassen neutralisiert werden. Oder anders ausgedrückt: Es gibt ausreichend funktionierende Strategien, um den Wohlstand in Deutschland auch in einem schrumpfenden und alternden Land zu halten.

Interessant an der Rechnung ist vor allem, dass manche der scheinbar offensichtlichen – und in der Öffentlichkeit am meisten diskutierten – Strategien die geringste Wirkung haben. So werden alle Anstrengungen, dass in Deutschland mehr Kinder geboren werden, sich nicht nennenswert auf die demografische Situation des Landes auswirken.

Elterngeld hin, Kita-Ausbau her und mittendrin die Vereinbarkeit von Familie und Beruf: Das sind sehr wichtige Ziele, die Förderung verdienen. Doch demografisch helfen sie uns kaum, dafür ist es inzwischen schon viel zu spät.

Längst gibt es zu wenige Frauen im gebärfähigen Alter – und deshalb macht es statistisch relativ wenig Unterschied, ob die dann ein, zwei, drei oder mehr Kinder bekommen. Diese Frage hätte vor 30 Jahren angegangen werden müssen. Sie zeigt deshalb auch exemplarisch, warum es nun so wichtig ist, endlich das demografisch Richtige zu tun.

Drei Zahlen illustrieren das Problem: 2009 gab es 710 000 Frauen[167] im Alter von 45, aber nur noch 475 000 25-Jährige. Und auch die nächste Generation war da bereits auf der Welt, wiederum deutlich weniger: Gerade mal noch 345 000 fünfjährige Mädchen wurden in diesem Jahr gezählt.

Das ist weniger als die Hälfte der Vorvorgänger-Generation. Wenn die heute Fünfjährigen erwachsen sind und Kinder bekommen, müssten sie also doppelt so viele Kinder bekommen wie die Frauen zwei Generationen vorher. Das ist illusorisch, egal, wie gut die Karrierechancen von Frauen und die Kinderbetreuung bis dahin in Deutschland sind.

Momentan haben wir eine Geburtenquote von statistisch 1,41 Kindern pro Frau. Alle Familienpolitiker wären glücklich, wenn es gelänge, sie um zwei oder drei Zehntelprozentpunkte zu heben. Ihren Höchststand hatte sie zu Zeiten der Babyboomer 1965, als durchschnittlich pro Frau 2,51 Kinder[168] geboren wurden. Bereits zehn Jahre später jedoch kamen beträchtlich weniger Kinder auf die Welt – und daran hat sich seit 1975 tendenziell nichts geändert. Damals sank die Quote auf 1,45, heute liegt sie fast unverändert.

Auch das Beispiel Ostdeutschlands zeigt, wie schwer es ist, die Geburtenquote wieder zu erhöhen. 1,52 Kinder bekamen ostdeutsche Frauen im Schnitt, bis es dann nach der Wiedervereinigung zu einem weltweit einzigartigen Einbruch der Geburtenquote kam. Binnen drei Jahren halbierte sie sich auf 0,77. Seitdem steigt sie langsam wieder, liegt jedoch noch deutlich unter dem Wert zur Zeit der Wende.

Zwar bekommen jüngere Frauen derzeit in der Tat ein paar Babys mehr, so dass manche Forscher für 35-Jährige bereits von einem Schnitt von 1,5 Kindern ausgehen. Doch wie gesagt: Demografisch hilft das kaum etwas.

Bei der Berechnung der Tragfähigkeitslücke bringt eine Veränderung von 0,2 Punkten in der Geburtenquote gerade mal ein Plus oder Minus von 0,2 Punkten.

Auch die in den Medien immer wieder beschworene höhere Erwerbsbeteiligung von Frauen bringt demografisch eher wenig, nämlich ebenfalls 0,2 Punkte. Dafür müsste die Frauenerwerbsquote in Deutschland auf skandinavische Werte steigen. Im Jahr 2005 arbeiteten hierzulande 66,7 Prozent der Frauen im erwerbstätigen Alter, in Schweden waren es 77,2 und in Dänemark 75 Prozent[169].

Satte 0,8 Prozentpunkte und damit viermal so viel bringt es, wenn es uns gelingt, die Arbeitslosenquote dauerhaft auf 3,5 Prozent zu senken. Das erscheint derzeit durchaus möglich: Im Dezember 2011 lag sie bei 5,5 Prozent[170]. Da das Arbeitsangebot durch die demografischen Veränderungen abnimmt und der Fachkräftemangel noch nicht flächendeckend zu spüren ist, besteht hier also durchaus noch Senkungspotenzial. Allerdings müssten dazu Langzeitarbeitslose und andere schwer vermittelbare Gruppen wieder in besonderem Maße fit für den Arbeitsmarkt gemacht werden – kein leichtes Unterfangen.

Um weitere 0,6 Prozentpunkte ließe sich die Tragfähigkeitslücke senken, wenn der Rentenbeginn nach dem Jahr 2029 weiter erhöht werden würde und im Jahr 2060 dann bei 69 statt 67 Jahren läge. Um rund drei Jahre wird die durchschnittliche Lebenserwartung bis dahin steigen. Ein Drittel der Zeit könnten die Rentner dieser Generationen dann quasi »für sich« behalten. Sie müssten lediglich zwei der drei »geschenkten« Jahre weiterarbeiten, dann bliebe das Rentensystem stabil und tragfähig.

Ebenso positiv, also mit einem Minus von 0,6 Prozentpunkten, würde sich ein jährlicher Wanderungsüberschuss von 200 000 Menschen ab dem Jahr 2020 auswirken. Da momentan jedoch mehr Menschen Deutschland verlassen, als aus anderen Ländern zu uns kommen, scheint das schwer umzusetzen. Die seit vielen Jahren zu beobachtende latente Ausländerfeindlichkeit in Deutschland sitzt tief. Es wird schwierig sein, die Mentalitäten hier zu ändern und Deutschland als attraktives globales Wanderungsziel zu etablieren.

Am dramatischsten aber wirken sich die Entwicklungen der Gesundheitskosten aus: Steigen die Kosten hier so weiter wie im Schnitt der vergangenen Jahre, könnte sich die Tragfähigkeitslücke fast verdoppeln. Dann wird die Demografie in der Tat zu dem Damoklesschwert, als das sie von vielen gezeichnet wird.

Stimmt allerdings die Hypothese, dass die Menschen zwar älter, aber nicht kränker werden, könnten wir bis zu 1,3 Punkte von der Tragfähigkeitslücke streichen. Dafür gibt es Anhaltspunkte: Die höchsten Gesundheitskosten verursacht ein Mensch in den Wochen und Monaten vor seinem Tod – und zwar unabhängig von seinem Alter. Diese Erkenntnis ist weitgehend gesichert. Die Frage ist, was in der Gesellschaft des langen Lebens auf dem Weg dorthin passiert. Nach der sogenannten »Medikalisierungsthese« führt die steigende Lebenserwartung automatisch zu einer stärkeren Inanspruchnahme der Ärzte und Kassen. Hinzu kommt, dass besonders krankheitsanfällige Menschen länger überleben, vor allem aufgrund des medizinisch-technischen Fortschritts. Dies führt dann zu überproportional steigenden Ausgaben.

Im Gegensatz dazu geht die sogenannte »Kompressionshypothese« davon aus, dass die zusätzlichen Lebensjahre in vergleichsweise guter Gesundheit verbracht werden. Die zu erwartende Kostenphase vor dem Tod verschiebt sich demnach nach hinten, der Kostenanstieg aufgrund der Alterung bleibt aus.

Wie der Sachverständigenrat schreibt, gibt es bislang noch keine hieb- und stichfesten Zahlen für eine der beiden Thesen. »Allerdings gibt es einige Belege für eine Gültigkeit der Kompressionsthese«, stellen die Experten[171] fest.

Bis wir ausreichend Zahlen haben, um die eine oder die andere These als bewiesen betrachten zu können, wird es noch einige Jahre dauern. Heute schon unbestritten ist die Tatsache, dass Prävention viele Zivilisationskrankheiten verhindern kann. Herz-Kreislauf-Erkrankungen sind ein typisches Beispiel. Aber auch 40 Prozent der Krebserkrankungen gehen nach Ansicht von Experten des Deutschen Krebsforschungszentrums in Heidelberg »auf vermeidbare Faktoren im Lebensstil«[172] zurück.

Das sind gute Nachrichten für Midlife-Boomer. Sie sind jung genug, um ihre persönliche Gesundheitssituation im Alter noch positiv beeinflussen zu können. Das gilt auch für all jene, die in diesem Alter erst anfangen, sich mehr als früher zu bewegen und ihre Muskeln zu trainieren.

Und noch stärker gilt es natürlich für diejenigen, die bereits aktiv sind. Denn anders als in der Öffentlichkeit oft dargestellt, nimmt die körperliche Leistungsfähigkeit bei ausreichendem Training nur sehr langsam ab. »Erst im hohen Alter (über 70 Jahre) werden die Unterschiede zu den 30 bis 40 Jahre alten Top-Athleten recht deutlich«, heißt es in einer Studie des finnischen Wissenschaftlers Harri Suominen,[173] der für eine Studie die Leichtathletik-Weltrekorde unterschiedlicher Altersklassen miteinander verglichen hat. Auch lägen die Leistungen der älteren Athleten »noch immer über dem, was die meisten untrainierten jungen Menschen erreichen«.

Wissenschaftler an der Sporthochschule Köln werteten in einer weiteren Studie über 900 000 Laufzeiten von Teilnehmern an Marathons und Halbmarathons zwischen 20 und 79 Jahren aus. 13 000 von ihnen wurden zudem über ihre Lebensweise und Ernährungsgewohnheiten befragt. Auch hier der gleiche Befund: Vor dem 55. Lebensjahr treten keine signifikanten Leistungsminderungen auf, danach allenfalls sehr geringe. Ein Viertel der Läufer zwischen 65 und 69 Jahren waren sogar schneller als die Hälfte der 20- bis 54-Jährigen. Das gilt erstaunlicherweise auch, wenn diejenigen erst vor wenigen Jahren mit dem Training begonnen haben. »Leistungseinbußen im mittleren Lebensalter sind primär auf eine inaktive Lebensweise, nicht aber auf die biologische Alterung zurückzuführen«, sagt Studienautor Dieter Leyk[174], Professor an der Kölner Sporthochschule.

Wenn das Statistische Bundesamt Destatis hochrechnet, dass die Zahl der Herz-Kreislauf-Erkrankungen bis 2030 um 26 Prozent[175] und die der Krebserkrankungen um 17 Prozent zunehmen würde, ist dies deshalb kein unabwendbares Schicksal. Wir – und zwar jeder Einzelne von uns – können dagegen etwas tun. Nicht sosehr um die Kosten der Krankenkassen gering zu halten, das würde wohl kaum jemanden motivieren. Wir sollten es für uns selber tun, für eine gesunde, leistungsfähige zweite Lebenshälfte.

Was jedoch sicher zunehmen wird, ist die Zahl der Pflegefälle. Die aktuellen Prognosen der Statistikbehörde stimmen hier weitgehend mit denen der Pflegeversicherung überein: 4,5 Millionen Pflegebedürftige erwartet Destatis[176] im Jahr 2050, 4,3 Millionen hat die Pflegeversicherung in ihren Budgetplanungen eingestellt. Das ist fast eine Verdoppelung des heutigen Wertes von 2,4 Millionen Pflegebedürftiger.

Diese Entwicklung erschreckt auf den ersten Blick. Hinter ihr verbergen sich unfassbar viele persönliche Tragödien. Auch in Zukunft ist den Familienangehörigen nicht grundsätzlich zuzumuten, die Pflege von vielleicht sogar mehreren Verwandten zu übernehmen – zumal sie selbst ja auch länger berufstätig sein werden. Doch auch Heime sind keine befriedigende Lösung. Eher ist zu erwarten, dass sich Mischformen wie Pflege-WGs, eine ambulante Tagespflege und andere, noch neu zu entwickelnde Betreuungsformen in den nächsten Jahrzehnten flächendeckend durchsetzen. Zum einen weil sie Kosten sparen, vor allem aber weil sie für die zu Pflegenden eine bessere Alternative zur ungewollten Unterbringung in einem Heim oder gar dem Sich-selbst-überlassen-Bleiben in der eigenen Wohnung darstellen.

Sehr schwierig vorauszusehen ist die Entwicklung bei demenziell beeinträchtigten Menschen. Die Bedrohung durch Demenzerkrankungen erscheint enorm, doch auch hier ist die öffentliche Darstellung eher von Mythen als von Fakten geprägt.

Die Demenz ist eine Krankheit der Hochaltrigen. Noch im Alter von 80 bis 84 sind gerade mal 10 von 100 Männern und 13 von 100 Frauen[177] betroffen. Erst ab 90 Jahren steigen die Erkrankungsquoten dramatisch an: Jeder Dritte ist dann bereits demenziell beeinträchtigt.

Es ist keine Frage, dass die Diagnose Demenz für jeden ein schrecklicher Schicksalsschlag ist. Auch gibt es momentan weder eine funktionierende Früherkennung noch eine wirksame Therapie. Doch kaum eine Krankheit wird weltweit derzeit mit so viel Geld und Energie erforscht wie die Demenz.

Wichtig scheint mir in der Demenz-Debatte der Hinweis, wie selten Erkrankungen bei unter 80-Jährigen allen Berichten über Alzheimer und Co. zum Trotz sind. Fälle wie der des mit Mitte 60 erkrankten früheren Schalke-Managers Rudi Assauer sind die absolute Ausnahme und eben nicht die Regel.

Man muss die Krankheit ernst nehmen. Sehr ernst sogar. Doch für die allermeisten, die heute 50 Jahre alt sind, gibt es nach heutigen Erkenntnissen keinen medizinischen und statistischen Grund, die Furcht vor der Demenz in die Lebensplanung für die nächsten 30 Jahre aufzunehmen.

Worüber sich Midlife-Boomer allerdings sehr wohl Gedanken machen sollten, ist ihre weitere berufliche Entwicklung. Sicher ist, dass sie länger arbeiten werden. So schlägt die EU-Kommission in ihrem *Weißbuch Rente* vor, den Rentenbeginn künftig automatisch an die steigende Lebenserwartung zu koppeln[178]. Dies könne dazu beitragen, »die Balance zwischen den Arbeitsjahren und den Rentenjahren zu stabilisieren«, wie es in Berichten über das Weißbuch heißt.

Das Vorpreschen der EU-Kommission ist primär finanziell getrieben. Rund die Hälfte der zusätzlichen Kosten durch die Alterung könne so eingespart werden: »Das ist von zentraler Bedeutung für die Zukunftsfähigkeit.«

Dänemark hat bereits beschlossen, was die EU-Kommission in ihrem Weißbuch empfiehlt. Dort wird zuerst das gesetzliche Rentenalter zwischen den Jahren 2024 und 2027 in Halbjahresschritten von 65 auf 67 Jahre erhöht. Die Dänen starten damit später in ihre Rente mit 67 als hierzulande, sind aber schneller am Ziel. Bei uns wird die Regelaltersgrenze von 67 erst im Jahr 2029 erreicht und betrifft dann den Geburtsjahrgang 1964.

Die Dänen richten ihr Rentensystem danach an einer durchschnittlichen Rentenbezugszeit von 14,5 Jahren aus. Steigt also die Lebenserwartung, steigt auch das Renteneintrittsalter – und zwar automatisch. Im Jahr 2015 soll dieses System starten und würde dann erstmals im Jahr 2030 umgesetzt[179].

Jeder, der heute arbeitet, hat also mindestens 15 Jahre Zeit, um sich darauf einzustellen, wann er regulär in Rente gehen kann. Ein 1974 geborener Däne wird nach der jetzigen Vorausschau dann im Jahr 2045 mit 71 Jahren in Rente gehen. Wer im Jahr 1988 geboren wurde, verabschiedet sich voraussichtlich im Jahr 2060 mit 72,5 Jahren in den Ruhestand.

Mit einer ähnlichen Begründung hat der schwedische Ministerpräsident Fredrik Reinfeldt Anfang Februar 2012 die »Rente mit 75« gefordert. Wie zu erwarten war, hat er damit einen Sturm der Empörung ausgelöst. Denn die Rentendebatte ist heutzutage fast ausschließlich eine Verlustdebatte: Weil die Arbeit im Alter meist keinen Spaß macht und nicht als sinnstiftend empfunden wird, kämpfen Ältere mit Zähnen und Klauen um jedes Jahr, das sie früher in Rente gehen können. So sind wir mitten im Teufelskreis: Unternehmen verbessern die Arbeitsbedingungen der Älteren nicht, weil sie ihre hartnäckigen Vorurteile über die angeblich mangelnde Leistungsfähigkeit der Älteren nicht loswerden.

Also suchen Ältere ihr Heil im angeblichen Rentenparadies, das sich nach einigen Jahren des Herumreisens und der Hausreparaturen oft genug als tödlich langweilige Hölle des Nichtstuns entpuppt. Dann aber ist es oft wirklich zu spät, noch einmal etwas Neues anzufangen, was Sinne, Körper und Geist anregt.

Mindestens ebenso wichtig wie der finanzielle Aspekt der Rentendebatte sind mittelfristig aber auch die Mentalitätsänderungen, die durch derartige regulatorische Eingriffe ausgelöst werden. Dazu aber muss die Rentendebatte von einer Verlustdiskussion auf eine Gewinndiskussion umgestellt werden: Es ist gut, dass wir länger arbeiten können, weil uns die Arbeit Sinn und

Bestätigung gibt – und weil sie uns dabei hilft, besser und gesünder alt zu werden.

Dazu muss, und das kann nicht oft genug wiederholt werden, sich natürlich noch sehr viel bei den Arbeitsbedingungen ändern und auch in der Art und Weise, wie wir – die Älteren ebenso wie die Jungen – arbeiten. Ältere Arbeitnehmer brauchen noch mehr als die Jüngeren Zeitsouveränität: Nicht das Unternehmen, sondern sie müssen bestimmen können, wann und wie sie arbeiten. Und die Arbeitgeber müssen Ernst machen mit all den Lippenbekenntnissen der Wertschätzung ihrer Arbeitnehmer. Nur da, wo Ältere im Unternehmen wirklich geschätzt werden, profitieren die Firmen voll vom Erfahrungsschatz ihrer grauhaarigen Mitarbeiter.

Das Ende des Jugendwahns betitelten die beiden Wirtschaftsjournalisten Stefan von Borstel und Dorothea Siems Mitte Februar 2012 eine Geschichte[180] über die wachsende Beschäftigung Älterer. Noch sind solche Schlagzeilen sehr rar gesät. Doch sie sind Anlass zur Hoffnung, dass die Fixierung von Medien und Unternehmen auf die angeblich werberelevante Gruppe der 18- bis 49-Jährigen bald einem realistischen Bild der Gesellschaft in Deutschland weicht.

In dem Stück berichten die beiden Autoren über einen 73-jährigen Werkzeugbauer und seine Dreitagewoche: »Es geht mir nicht ums Geld, sondern darum, eine Beschäftigung zu haben, die mir auch nach 40 Jahren noch Freude macht«, sagt Klaus Beckert. Er ist noch immer von dienstags bis donnerstags für seinen früheren Arbeitgeber tätig, das Krefelder Technikunternehmen Henkelhausen GmbH.

Für die Firmen ist also noch sehr viel zu tun, bis ihre Arbeitsbedingungen so gut sind, dass Ältere sich lieber für das Weiterarbeiten statt für die Rente entscheiden. Sobald jedoch der Fachkräftemangel in den einzelnen Branchen offensichtlich ist, dürfte dieser Prozess sehr schnell gehen.

Wie die Firmen auf den Lehrlingsmangel reagieren, berechtigt zu der Hoffnung, dass im Bereich der älteren Arbeitnehmer Ähnliches passieren wird. Hinzu kommt, dass flexible Arbeitsbedingungen allen Mitarbeitern zugutekommen. Und wie das Beispiel des Ditzinger Maschinenbauers Trumpf zeigte, sind Wertschätzung der Mitarbeiter und angenehme Arbeitsbedingungen ein nicht zu unterschätzender Wettbewerbsvorteil auch beim Anwerben von jüngeren Fachkräften.

Ein zweites großes Handlungsfeld ist die Rentengesetzgebung. Auch wenn die Regierung die Frühverrentung in den vergangenen Jahren nach und nach zurückgefahren hat, gibt es noch etliche Regeln, die nicht zu längerem Arbeiten einladen.

So wird die bisherige Altersteilzeitregelung nur in den seltensten Fällen dazu genutzt, einen gleitenden Übergang in den Ruhestand zu schaffen. Fast immer handelt es sich um ein Blockmodell, bei dem bis zu einem gewissen Punkt voll gearbeitet wird. Danach wird die Arbeitszeit auf null reduziert, aber Lohn und Gehalt laufen weiter.

Alternativ sehen die Rentenregeln eine sogenannte Teilrente vor. Dabei können Arbeitnehmer ab 63 Jahren entscheiden, ob sie ein Drittel, die Hälfte oder zwei Drittel der Rente antreten und gleichzeitig weiterarbeiten. Doch diese Regelung ist mit den möglichen Hinzuverdienstgrenzen so kompliziert und bürokratisch, dass gerade mal 3000 oder 0,02 Prozent[181] aller Rentner sie nutzen.

Bundesarbeitsministerin Ursula von der Leyen will die Teilrente deshalb ab dem Jahr 2013 in eine Kombi-Rente umwandeln und flexibilisieren. »Die vorzeitige Rente, der abrupte Ausstieg von heute auf morgen aus dem Job – das wird langsam zum Auslaufmodell. Immer mehr Menschen können und wollen länger arbeiten, wünschen sich aber für die letzten Berufsjahre einen anderen Rhythmus aus Beruf und Freizeit«, sagte von der Leyen der *Rheinischen Post*[182].

Von der Leyen möchte, dass Kombi-Rentner sich künftig beispielsweise für eine halbe Rente entscheiden und gleichzeitig in Teilzeit weiterarbeiten. Sie könnten dann deutlich mehr hinzuverdienen, ohne dass die Rente gekürzt wird.

Ein Rechenbeispiel: Der Bruttoverdienst vor dem möglichen Rentenbezug liegt bei 2600 Euro, die zu erwartende Vollrente bei 1100 Euro. Wer sich jetzt für eine 50-prozentige Teilrente entscheidet, bekäme monatlich 550 Euro von der Rentenkasse und könnte bis zu 2050 Euro im Monat hinzuverdienen.

Das ist deutlich attraktiver als das bisherige Teilrentensystem. Arbeitsministerin Ursula von der Leyen will es noch vor der Sommerpause 2012 im Parlament einbringen. Bis ihre Idee im Gesetzblatt steht, dürfte sie dann allerdings noch etliche Änderungen erfahren.

Auch wäre die Kombi-Rente wohl nur ein Schritt hin zur vollständigen Flexibilisierung der Altersgrenzen, wie sie beispielsweise durch von der Leyens Vorgänger Franz Müntefering gefordert wird. »Die starren Altersgrenzen sind ein Produkt der alten Industriegesellschaft mit ihren standardisierten Arbeitsprozessen«, sagt der Erfinder der »Rente mit 67«[183].

Wo sie aufgegeben werden, blühen neue Formen der Arbeit und wächst die Wertschätzung der Älteren. So haben Dänemark und Schweden ihre Rentengesetze auf den Kopf gestellt und damit ausgezeichnete Erfahrungen gemacht. Ab dem 60. Lebensjahr wird dort eine stark verringerte Teilrente gezahlt. Jedes Jahr, das der Beschäftigte länger arbeitet, erhöht die Rente. »Das Alter, in dem ein Ausscheiden möglich ist, hat wenig Bedeutung für den tatsächlichen Abschied vom Job, für die allermeisten Arbeitnehmer ist es nur eine Größe zur Berechnung des Alterseinkommens vom Staat«, schreibt die Wirtschaftsjournalistin Elisabeth Niejahr[184].

Darin liegen viel mehr Chancen, als auf den ersten Blick offensichtlich sind: Ein fixes »Enddatum« für das persönliche Arbeitsleben gibt es nicht mehr. Jeder kann jedes Jahr neu entscheiden, wie lange er weiter im Beruf bleiben will.

Die Konsequenzen wären enorm. Für Unternehmen wäre es viel attraktiver, auch Ältere noch weiterzubilden. Die Arbeitnehmer gewönnen eine Fülle neuer

Handlungsoptionen – und bekämen von der Öffentlichkeit die Ermunterung, auch als Midlife-Boomer noch mal richtig durchzustarten.

»Die psychologische Wirkung wäre ein Bewusstseinswandel, der Menschen anspornt, länger zu arbeiten«, schreibt das *Demographie Netzwerk der Deutschen Wirtschaft – ddn*[185] in seinen wirtschaftspolitischen Empfehlungen: »Damit würde nicht ein früherer Ausstieg aus dem Erwerbsleben bestraft, sondern ein späterer Ausstieg belohnt werden.«

Denn die durch Reichskanzler Otto von Bismarck vor weit über hundert Jahren festgelegte starre Altersgrenze von 65 Jahren hat sich in unseren Köpfen festgefressen und richtet dort immensen Schaden an. Kalendarische Altersgrenzen »ignorieren, dass immer mehr Menschen in immer höherem Alter zu einem aktiven und selbstbestimmten Leben fähig sind«, schreibt eine 20-köpfige Forschergruppe im Auftrag der Nationalen Akademie der Wissenschaften Leopoldina. Die Experten haben 15 der am weitesten verbreiteten und hartnäckigsten Legenden über das Alter gesammelt – und jede Schritt für Schritt widerlegt[186].

Die 1. *Legende* besagt, das Alter beginne mit 65 Jahren. Falsch, sagt die Akademiegruppe *Altern in Deutschland*. »Die Vorstellung, das Alter würde mit einem bestimmten Lebensjahr beginnen, ist zwar alt, aber dennoch eine soziale Konstruktion«, schreibt die Forschergruppe in ihrem Bericht. Die wenigsten Menschen hätten früher gewusst, wie alt sie waren, und es wäre für ihre Lebens- und Arbeitswelt auch nicht bedeutend gewesen. Erst mit dem modernen Staat, der industriellen Revolution und vor allem dem allgemeinen Rentensystem hätte die kalendarische Altersgrenze eine Bedeutung bekommen.

»Wenn man das kalendarische Alter kennt, weiß man viel über eine Person«, lautet die *2. Legende*. Auch sie ist falsch. Nur bis ins Jugendalter hinein erlaube das kalendarische Alter gute Rückschlüsse, dann aber vergrößerten sich die Unterschiede zwischen den Individuen. »Im Alter sind die Unterschiede zwischen Menschen gleichen Alters dann so groß, dass ein 70-Jähriger geistig so fit sein kann wie ein 50-Jähriger und ein 70-Jähriger aussehen und sich fühlen kann wie ein 90-Jähriger.«

Legende 3 befasst sich mit dem Lernen: »Alte Menschen können nichts Neues mehr lernen.« Die Experten halten sie für uneingeschränkt falsch: »Solange der Mensch lebt und nicht durch Krankheit stark beeinträchtigt ist, kann er Neues lernen. Lernen und Veränderung hängen aber auch von den Ressourcen und den Anreizen ab, die einer Person zur Verfügung stehen. (…) Die Bereitschaft, im Erwachsenenalter zu lernen, ist vor allem auch abhängig von den Vorbildern.« Auch unser Gehirn ist bis ins höchste Alter hinein veränderbar. Anregung und Stimulation verändern die Struktur der Nervenzellen. So können wir auch mit 80 noch eine neue Fremdsprache lernen. Und natürlich auch mit 60 das neue Computerprogramm bedienen.

Daran knüpft unmittelbar *Legende Nummer 4* an: »Ältere Beschäftigte sind weniger produktiv.« Auch das stimme nicht in dieser allgemeinen Formulierung, sagen die Experten. Natürlich unterschieden sich ältere und jüngere Beschäftigte in ihren Stärken und Schwächen: »Ältere Beschäftigte mögen körperlich weniger kräftig und weniger reaktionsschnell sein, dafür haben sie im Allgemeinen mehr Erfahrung, soziale Fertigkeiten und Alltagskompetenz.« Die Produktivität hänge davon ab, wie das Unternehmen diese Fähigkeiten einsetzt, vor allem aber ob es sie richtig einsetzt. Viele Demografievorreiter haben, berichten die Forscher, ausgezeichnete Erfahrungen mit altersgemischten Teams gemacht, die die Stärken beider Gruppen kombinieren und somit eventuell vorhandene Schwächen überkompensieren.

Die Akademiegruppe der Leopoldina wendet sich in diesem Zusammenhang auch ganz besonders gegen das Vorurteil, Ältere seien häufiger krank als Jüngere. Zwar würden Ältere länger fehlen, wenn sie einmal krank seien. Doch dafür würden sie auch seltener krank als Jüngere. Und um gleich mit noch einer weiteren Legende aufzuräumen: »Jüngere und Ältere unterscheiden sich auch nicht darin, wie häufig sie Verbesserungen und Innovationen im Betrieb vorschlagen.«

Legende Nummer 5 besagt, dass ältere Menschen mit moderner Technik nichts zu tun haben wollen. Sie wird schon dadurch widerlegt, dass sogenannte *Silver Surfer* derzeit die am schnellsten wachsende Gruppe im Internet sind. Auch die 6. *Legende*, dass Ältere Jüngeren den Arbeitsplatz wegnehmen, wird in Zeiten des Fachkräftemangels sichtbar von der Realität überrollt.

Bleibt *Legende Nummer 7*, dass Volkswirtschaften mit alternder Bevölkerung zum Nullwachstum verdammt seien. Falsch, sagen die Experten: »Die Arbeitsproduktivität sinkt keineswegs unabänderlich mit dem Alter der Beschäftigten.« Entscheidend seien Beschäftigungsquote und Bildungsstand. Deshalb treffe auch die 8. *Legende* nicht zu, dass Ältere durch besondere Regeln geschützt werden müssten. Dies führe vor allem dazu, dass Ältere diskriminiert würden.

Legende Nummer 9 besagt, dass steigende Lebenserwartung mehr Krankheit und Pflege bedeuten. Die Akademiegruppe widerspricht: »Die durchschnittliche gesunde Lebenszeit jenseits des 65. Lebensjahres ist allein in der Dekade der 1990er um zweieinhalb bzw. eineinhalb Jahre gestiegen (Männer/Frauen).« Auch das Risiko für jeden Einzelnen, pflegebedürftig zu werden, habe in den letzten Jahren abgenommen. Ganz wichtig seien in diesem Zusammenhang Prävention und Rehabilitation, weshalb die *Legende 10* »Prävention und Rehabilitation können im Alter nichts mehr bewirken« schnellstmöglich ins Reich der Fabeln zu entsorgen sei.

Unwahr nennen die Forscher auch *Legende 11*, dass Alter zu geringerer Mobilität führt, und *Legende 12*, dass alte Menschen ihren Angehörigen zur Last fielen. Keine Gnade findet auch die These, es stehe ein Kampf der Generationen bevor *(Legende 13)*, sowie der Satz, die Gesellschaft müsse sich durch Seniorenpolitik an den demografischen Wandel anpassen *(Legende 14)*. »Denken wir vom Alter her, müssen wir das Gesamtsystem verändern – zum Wohle aller«, schreiben die Wissenschaftler.

Bleibt als Fazit *Legende 15*: »Alternde Gesellschaften sind reformunfähig.« Ganz im Gegenteil, meint die Akademiegruppe: »Im Hinblick auf die Reorganisation der Arbeitswelt, des Bildungssystems, der sozialstaatlichen Regeln u. a. enthüllt und verstärkt das demographische Altern den Reformbedarf; es erhöht den politischen Handlungsdruck.« Die Leopoldina-Forscher fordern eindringlich auf, sich dem zu stellen – und mit neuer gesellschaftlicher Dynamik belohnt zu werden.

Kommen wir deshalb also zum Bildungsbereich, der in einem Land des langen Lebens ebenfalls vor großen Umwälzungen steht. Wir brauchen gute und stimmige Modelle für all jene Midlife-Boomer, die sich mit 50 noch mal beruflich verändern wollen!

Dazu müssen Ausbildungs- und Studienordnungen überarbeitet und angepasst werden. Und wir brauchen neue Angebote der finanziellen Förderung von Berufswechslern. Denn die Agenturen für Arbeit fördern derzeit vor allem Arbeitslose oder von Arbeitslosigkeit Bedrohte bei der beruflichen Neuorientierung.

Für Geringqualifizierte, die angestellt sind und sich weiterqualifizieren wollen, gibt es seit dem Jahr 2006 mit *WeGebAU* ein Programm, das allerdings derzeit nur selten genutzt wird[187]. Wie das Beispiel der badischen Großbäckerei und ihrer Senior-Azubis zeigt, gäbe es hier noch viele Möglichkeiten. Dies gilt umso mehr, als das Programm seit einigen Jahren auf Fachkräfte über 45 Jahre und alle, deren Abschluss mehr als vier Jahre zurückliegt, erweitert wurde.[188]

Wer es aber wirklich ernst mit dem lebenslangen Lernen meint, sollte sich das »Persönliche Entwicklungskonto« ansehen, das der frühere Direktor der Abteilung »Arbeitsmarktpolitik und Beschäftigung« des *Wissenschaftszentrums Berlin für Sozialforschung (WZB)*, Günther Schmid[189], entwickelt hat.

Darauf könnte ein Teil der jetzigen Zahlungen in die Arbeitslosenversicherung umgeleitet werden und stünde dann jedem Versicherten für die persönliche Weiterbildung zur Verfügung. Schmidt sieht die persönlichen Entwicklungskonten »als Ergänzung und nicht als Ersatz für den ›aktiven‹ Bestandteil bisheriger Arbeitsmarktpolitik«.[190] Durch die Personalisierung jedoch könnte ein starker Anreiz für jeden Beschäftigten zur Weiterbildung entstehen. Denn nutzt er die Gelder nicht, verfallen sie – beziehungsweise kommen der Gemeinschaft der Versicherten zugute.

Dabei könnten stattliche Beträge zusammenkommen, wie Schmidt in einer Modellrechnung zeigt. So betragen die Beiträge zur Arbeitslosenversicherung im Moment drei Prozent des Bruttoeinkommens. Würde ein Drittel davon auf persönliche Entwicklungskonten umgelenkt und in gleicher Höhe durch Steuermittel aufgestockt, entstünde ein Weiterbildungspool von rund 15 Milliarden Euro. Bei rund 27 Millionen sozialversicherungspflichtigen Beschäftigten und einer durchschnittlichen Erwerbstätigkeit von 40 Jahren würden sich rund 22 000 Euro auf dem persönlichen Entwicklungskonto ansammeln.

Wer seine Weiterbildung privat finanziert, kann dies in gewissem Umfang steuerlich absetzen. Schwierig wird es allerdings oft, wenn Midlife-Boomer ein Zusatzstudium oder eine Ausbildung mit einem Kredit finanzieren wollen.

Denn leider gibt es immer wieder Berichte von 50-Jährigen, die von den Banken abgewiesen werden, wenn sie einen Ausbildungskredit haben wollen. Das ist meist eine eindeutige Altersdiskriminierung: Die Finanzinstitute hängen in den überkommenen Vorstellungen vom Alter fest und können sich nicht vorstellen, dass ihre Kreditnehmer in dem neuen Beruf noch viele Jahre arbeiten werden – und zahlungsfähig bleiben.

Hier gibt es einen dringenden Handlungsbedarf. Die Gesetze sind eigentlich schon da. Im Prinzip werden diese Fälle durch das im Sommer 2006 eingeführte *Allgemeine Gleichbehandlungsgesetz (AGG)* abgedeckt, umgangssprachlich auch oft Antidiskriminierungsgesetz genannt. Durchgesetzt wird es selten. Noch scheinen beispielsweise die Gewerkschaften am Thema Altersdiskriminierung kaum interessiert. Derartige Kampagnen jedenfalls sind bislang unterhalb der Wahrnehmungsschwelle der Öffentlichkeit verlaufen.

Auch Sozialverbände wie der mächtige VdK arbeiten sich lieber daran ab, die »Rente mit 67« zu stoppen. VdK-Präsidentin Ulrike Mascher fällt in einem Kommentar[191] zum Thema »Aktiv altern, aber wie?« vor allem ein »allgemeiner gesetzlicher Mindestlohn in ausreichender Höhe, weniger Zuzahlungen im Gesundheitswesen und ein sozialer Ausgleich bei der Rente von Geringverdienern« ein – Themen, die nur im geringen Umfang Konstruktives zur Frage des aktiven Alterns beitragen können.

In den USA ist das anders. Dort ist die Seniorenlobby AARP einer der hartnäckigsten Kämpfer gegen *ageism*, die Diskriminierung aufgrund des Alters. Allerdings gibt es auch dort noch keine wirksamen Instrumente gegen die Folgen der Altersdiskriminierung.

Letztendlich wird Altersdiskriminierung erst dann aufhören, wenn wir unser von Stereotypen belastetes Bild vom Altern ändern. Das wird nicht über Nacht passieren – und es wird auch nicht »irgendwie von selbst« geschehen. Wir alle müssen gemäß unseren jeweiligen Möglichkeiten aktiv werden. Denn es geht um unsere Zukunft.

Und Gründe, sich auf die zweite Lebenshälfte zu freuen, gibt es mehr als genug. Ich möchte Sie deshalb bitten, sich am Ende dieses Buches noch mal auf das gleiche Gedankenexperiment wie am Anfang einzulassen: Schließen Sie kurz die Augen und denken Sie an all das, was Sie in den nächsten 30 Jahren noch machen wollen.

Wollen Sie den Sprung wagen und beruflich etwas ganz Neues anfangen? Oder eine Auszeit nehmen und schon mit 52 ein Jahr durch die Welt fahren? Ihren Rentenbeginn können Sie dann doch einfach um ein Jahr verschieben, oder?

Wie ist das mit dem Wohnprojekt, über das Sie mit Ihren Freundinnen immer wieder mal reden?

Vergessen Sie das Gerede, dass nach dem 50. Geburtstag alles schlechter wird. Freuen Sie sich auf viele Jahre, in denen Sie glücklicher und zufriedener sein werden als in Ihren 20ern und 30ern.

Nie war es interessanter, älter zu werden. Die Midlife-Boomer werden die Republik in den nächsten zwei Jahrzehnten mindestens ebenso stark verändern wie die 68er- und die Frauen- und die Ökobewegung im vergangenen Jahrhundert.

Die Midlife-Boomer sind diejenigen, die ein neues Bild vom Altern entwerfen werden. Sie werden weit länger arbeiten als ihre Eltern, aber mehr Zeitautonomie dabei haben. Sie profitieren von einem Arbeitsmarkt, der ältere Fachkräfte unbedingt benötigt, und Firmen, die ihnen den roten Teppich ausrollen werden.

Die Midlife-Boomer werden gebraucht. Es war vor allem die in den 1980er Jahren eingeführte Frühverrentungspolitik, die Ältere in der Politik, in der Wirtschaft und in den Medien als ersetzbar, nicht belastbar und verbraucht beschrieben hat. Damit muss Schluss sein.

Die Midlife-Boomer wollen sich bilden und weiterbilden. Dazu muss das Bildungssystem weiter modularisiert werden. Es muss normal werden, mit 55 noch einen Ausbildungsberuf zu lernen oder ein Bachelorstudium zu absolvieren. Diese Angebote zu entwickeln ist eine Chance für die Bildungsbranche.

Die Midlife-Boomer brauchen flexible Rentenbausteine. Starre Renteneintrittsgrenzen sind von gestern. Für ein langes Leben brauchen wir Systeme mit Teilrenten wie in Skandinavien schon verwirklicht.

Die Midlife-Boomer entwickeln ein neues Drehbuch fürs Leben. Sie beschreiben und kartografieren eine neue Lebensphase zwischen 50 und 80 – nicht mehr jung, aber auch nicht alt; so glücklich wie nie zuvor; aktiv und innovativ.

Ihnen bleibt genügend Lebenszeit, um noch mal was ganz Neues anzufangen im Beruf oder im Ehrenamt. Sie haben genügend Energie, neue Wohn- und Lebensformen auszuprobieren. Noch wissen wir nicht, wie diese neue Lebensphase heißen wird – aber es ist klar, dass sie so spannend wie nie zuvor sein wird!

Anmerkungen

1 Brand, J. U. et al.: *Generation Lässig*. In: Focus, 47/2011, online: http://www.focus.de/wissen/wissenschaft/psychologie/
tid-24525/psychologie-generation-laessig_aid_686295.html
(Zugriff: 13. März 2012)

2 ebd.

3 Carstensen, Laura L.: *A Long Bright Future. An Action Plan for
a Lifetime of Happiness, Health, and Financial Security.* New
York: The Crown Publishing Group, 2009. E-Book-Version.
S. 70/Pos. 975. – Wenn nicht anders angegeben, stammen
alle Übersetzungen aus englischsprachigen Büchern oder
Quellen von der Autorin.

4 ebd.

5 ebd.

6 Zitiert in Freedman, Marc: *The Big Shift. Navigating the New
Stage Beyond Midlife.* Jackson/Tennessee: Public Affairs
(Perseus Books Group). 2011, E-Book-Version, Pos. 861,
25 Prozent des Textes

7 Freedman, *The Big Shift*, s. o.

8 Zitiert ebd., Pos. 887, 26 Prozent des Textes

9 Zitiert ebd., Pos. 815, 24 Prozent des Textes

10 Zitiert ebd., Pos. 724, 21 Prozent des Textes

11 Die Demografiereise findet sich komplett auf meinem Blog
www.demografiereise.de. Einige der Berichte wurden in
unterschiedlichen Medien, auch in Auszügen, veröffentlicht.
Teile der Texte finden sich auch in diesem Buch.

12 Zitiert in: The Economist: *The 100 club.* 13. Juli 2011: http://
www.economist.com/blogs/dailychart/2011/07/demography
(Zugriff: 13. März 2012)

13 Zitiert in: Carstensen, *A Long Bright Future*, S. 17/Pos. 291

14 Strauch, Barbara: *The Secret Life of The Grown-Up Brain. Discover The Surprising Talents of the Middle-Aged Mind*. London: Penguin Books, 2010. E-Book, Pos. 146/4 Prozent des Textes, Übersetzung der Autorin. – Deutsch als: *Da geht noch was. Die überraschenden Fähigkeiten des erwachsenen Gehirns*. Berlin Verlag: Berlin 2011, S. 10. Übersetzt als: »Das Gehirn im mittleren Alter sorgt dafür, dass wir uns in unserem Leben zurechtfinden, das Durcheinander durchdringen und Lösungen finden. Es weiß, wen und was wir ignorieren sollten, wann es hierhin und wann es dorthin geht. Es bleibt ruhig und passt sich an.«

15 Gespräch mit der Autorin

16 Vortrag auf der INQA-Tagung *Qualität der Arbeit*. Berlin, Dezember 2010

17 Telefonat am 7. Februar 2012

18 ebd.

19 Vortrag auf dem Symposium *Arbeit und Alter* am 16.10.2009 in Berlin

20 Vortrag auf der INQA-Tagung *Qualität der Arbeit*. Berlin, Dezember 2010

21 Gespräch auf der INQA-Tagung *Qualität der Arbeit*. Berlin, Dezember 2010

22 Carstensen, S. 227, Pos. 2992

23 Schriftliches Interview im Rahmen meiner Demografiereise, August 2011.

24 In der Soziologie versteht man laut Wikipedia unter Kohorten »Jahrgänge oder Gruppen von Jahrgängen, die der Abgrenzung von Bevölkerungsgruppen dienen. Sie sind durch ein zeitlich gemeinsames, längerfristig prägendes Startereignis definiert.«

25 Tennant, Laura: *Meet the Alpha Boomers: They're older, richer, wiser and determined to prove that age is just a number*. In: The Independent. 22. Mai 2011. URL: Zitiert in: http://www.independent.co.uk/news/people/profiles/meet-the-alpha-boomers-theyre-older-richer-wiser-and-determined-to-prove-that-age-is-just-a-number-2285831.html (Zugriff: 13. März 2012)

26 ebd.

27 Stand 19. Januar 2012

28 Siehe online: http.//www.rab.com/public/reports/
   alphaboomer.pdf (Stand: 4. März 2012)

29 Sie erreichen mich per E-Mail unter heckel@margaretheckel.
   de

30 www.high50.com (Zugriff: 18. März 2012)

31 Zitiert in: http://www.independent.co.uk/news/people/
   profiles/meet-the-alpha-boomers-theyre-older-richer-wiser-
   and-determined-to-prove-that-age-is-just-a-number-2285831.
   html (Zugriff: 13. März 2012)

32 ebd.

33 http://www.kauffman.org/newsroom/baby-boom-generation-
   is-driving-an-entrepreneurial-boom-toward-economic-growth.
   aspx?utm_source=Alerts&utm_medium=Opticast&utm_
   campaign=CNBC_083109 (Zugriff: 4. März 2012)

34 http://money.usnews.com/money/blogs/planning-to-
   retire/2011/11/29/more-baby-boomer-take-encore-careers
   (Zugriff: 4. März 2012)

35 ebd.

36 Schätzung der UN-Population Division aus dem Jahr 2006.
   Zitiert in: Deutsches Zentrum für Altersfragen (Hrsg.):
   Informationsdienst Altersfragen. Heft 04/2008

37 National Institute on Aging, National Institutes of Health &
   US Department of Health and Human Services, 2007

38 ebd.

39 Germis, Carsten: *Das älteste Land der Welt.* In: FAZ, 1. Oktober 2011, S. 13

40 Fackler, Martin: *In Japan, Deflated Dreams.* In: New York
   Times, 25. Oktober 2010

41 Kühl, Christiane & v. Hardenberg, Christiane: *Die Chinesen
   verschwinden.* In: Financial Times Deutschland, 9. Februar
   2010, S. 13

42 Gespräch in Saarbrücken, August 2011, www.ageexplorer.de/
   (Zugriff: 13. März 2012)

43 Gespräch am 2. August 2011 in Ulm. Rudolph übernimmt im
   Dezember 2012 die Leitung des Leibniz-Instituts für Altersfor-
   schung in Jena (Fritz-Lippmann-Institut)

44 Zittlau, Jörg: *In Zukunft kommen Organe aus dem Drucker.*
   In: Welt Online, http://www.welt.de/gesundheit/
   article13625999/In-Zukunft-kommen-Organe-aus-dem-

Drucker.html?print=true#reqdrucken
(Zugriff: 23. Januar 2012)

45 ebd.

46 Destatis, Pressemeldung 401 vom 4.11.2010

47 Carstensen: *A Long Bright Future*, S. 43/Pos. 620

48 ebd., S. 44/Pos. 638

49 ebd., S. 47/Pos. 682

50 Die durchschnittliche Lebenserwartung zur Zeit der Geburt und die weitere Lebenserwartung zu einem bestimmten Zeitpunkt sind unterschiedlich. So hat ein Junge, der im Jahr 2007 geboren wird, eine durchschnittliche Lebenserwartung von 77 Jahren. Erreicht dieser Junge dann tatsächlich seinen 75. Geburtstag, ist seine weitere durchschnittliche Lebens-zeit jedoch nicht zwei Jahre, sondern weit mehr – denn in seiner Kohorte sind viele vor ihm gestorben, und statistisch gesehen addiert sich deren »nicht gelebte« Lebenszeit auf die Lebenszeit derjenigen aus der Kohorte, die bis 75 überlebt haben.

51 Vaupel, James W.: *Eine angeborene Lebensspanne gibt es nicht.* In: Demografische Forschung bzw. im Original: Vaupel, J. W.: *Biodemography of human ageing.* Nature 464 (2010) 7288: 536–542

52 ebd.

53 Sanderson, W. C. & Scherbov, S.: *Negative Folgen der Alterung bislang überbewertet.* In: Demografische Forschung, 2010, Jahrgang 7, Nr. 4

54 Sterbetafeln gibt es in zwei Formen. Bei der Längsschnittbe-trachtung werden »alle Personen eines Geburtsjahrgangs von der Geburt bis zum Tod betrachtet, so dass genau bekannt ist, wie viele Personen in jedem Jahr noch am Leben sind«. Dies kann naturgemäß erst nach dem Tod der letzten Person des Jahrgangs erfolgen, also in der Regel frühestens 100 Jahre nach dem Geburtsjahrgang. Deshalb nutzt man häufiger die zweite Variante, eine sogenannte Querschnittsbetrachtung. Dabei werden »alle gestorbenen und lebenden Personen eines Beobachtungszeitraumes, in der Regel aus drei zusam-menhängenden Jahren, einbezogen«. Im vorliegenden Bei-spiel beträgt der Zeitraum zehn Jahre, also von 1901 bis 1910. Zitiert nach Destatis: http://www.flegel-g.de/PDF/sterbetafeln-ab-1871.pdf (Zugriff: 20. März 2012)

55 https://www.destatis.de/DE/PresseService/Presse/
    Pressemitteilungen/2010/11/PD10_425_12621.html
    (Zugriff: 18. März 2012)

56 Friedman, Howard S. & Martin, Leslie R.: *Longevity Project.
    Surprising Discoveries for Health and Long Life from the Land-
    mark Eight-Decade Study.* London: Hay House Publishing, 2011.
    Deutsch von Andreas Nohl unter dem Titel: *Die Long-Life-
    Formel. Die wahren Gründe für ein langes und glückliches Leben*
    (Weinheim: Beltz Verlag, 2012)

57 http://www.welt.de/wissenschaft/article12829071/Ehe-und-
    viel-Arbeit-steigern-die-Lebenserwartung.html
    (Zugriff: 18. März 2012)

58 ebd.

59 Die Fragen gingen an 1400 zufällig ausgewählte Community-
    Mitglieder im Zeitraum Oktober/November 2011. Ganz
    herzlichen Dank an alle Teilnehmerinnen und Teilnehmer
    sowie den Gründer und Geschäftsführer von *feierabend.de*
    (http://www.feierabend.de/), Alexander Wild. Er war sofort
    bereit, mir sein Netzwerk für die Umfrage zur Verfügung zu
    stellen. Ganz herzlichen Dank auch an seine Mitarbeiterin
    Katja Ruhl für all ihre Mühe und Geduld.

60 Blanchflower, David G. & Oswald, Andrew: *Is Well-Being
    U-Shaped Over the Life Cycle?* NBER Working Paper 12935,
    Februar 2007, www.nber.org/papers/w12935
    (Zugriff: 7. März 2012)

61 Stone, Arthur A. et al.: *A snapshot of the age distribution of
    psychological well-being in the United States.* PNAS, June 1, 2010.
    Vol. 107, no. 22, 9985–9990

62 Zitiert in The Economist: *The U-bend of Life*, 16. Dezember
    2010, http://www.economist.com/node/17722567 (Zugriff:
    18. März 2012)

63 Blanchflower/Oswald, *Is Well-Being U-Shaped* ...

64 Zitiert in The Economist, 18. Dezember 2010, S. 34

65 Zitiert in Focus 47/2011: *Generation Lässig*, S. 111

66 Interview in Focus 47/2011, S. 120

67 Carstensen, *A Long Bright Future*, S. 111, Pos. 1514

68 Zitiert in Langer, Ellen J.: *Counterclockwise. Mindful Health and
    the Power of Possibility.* New York: Ballantine Books, 2009,
    E-Book, S. 173, Pos. 2295

69 ebd., S. 169, Pos. 2397

70 Strauch, *Da geht noch was*, S. 42

71 Zitiert in Langer, *Counterclockwise*, S. 162, Pos. 2432

72 Tischer, U. et al.: *Altersstereotype und motorische Fähigkeiten im Alter.* Erschienen in: Alternde Gesellschaft(en), Ausgabe 2/2011

73 ebd.

74 Vortrag auf dem Symposium *Arbeit und Alter* am 16. Oktober 2009 in Berlin

75 Pöppel, Ernst & Wagner, Beatrice: *Je älter desto besser. Überraschende Erkenntnisse aus der Hirnforschung.* München: Gräfe und Unzer, 2010, S. 17

76 Zitiert in Brand, J. U. et al.: *Generation Lässig.* In: Focus, 47/2011, online: http://www.focus.de/wissen/wissenschaft/psychologie/tid-24525/psychologie-generation-laessig_aid_686295.html (Zugriff: 13. März 2012)

77 ebd.

78 Sehr grob übersetzt: Gebrauche es oder verliere es.

79 Cohen, Gene D.: *The Mature Mind. The Positive Power of the Aging Brain.* New York: Basic Books, 2005

80 ebd., Vorwort S. xvi

81 http://researchnews.osu.edu/archive/responsetime.htm (Zugriff: 19. März 2012)

82 Cohen, *The Mature Mind*, S. 2

83 Siehe Kapitel 4

84 Cohen, *The Mature Mind*, S. 2

85 Strauch, *Da geht noch was*, S. 11

86 ebd.

87 Manuela Lenzen: *Wider die Ideologie des Niedergangs.* In: FAZ, 25. April 2011

88 Pöppel/Wagner, *Je älter desto besser*, S. 24

89 Zitiert in Wall Street Journal Online, Zugriff: 14. November 2011, und Hanson et al.: *Relationship of aerobic fitness to brain aging and cognition in older adults.* Paper presented at the Society for Neuroscience, 13. November 2011, Washington/DC, Abstract 293.05

90 http://www.secondact.com/2011/02/silver-haired-supermodels-hit-the-runway/ (Zugriff: 8. März 2012)

91 http://www.secondact.com/ (Zugriff: 8. März 2012)

92 http://www.secondact.com/2010/04/introducing-secondact-1/
(Zugriff: 8. März 2012)

93 Herrmann, Ulrike & Wittneben, Martina: *Älter werden, Neues wagen. Zwölf Porträts.* Hamburg: edition Körber-Stiftung, 2008

94 Telefonat im Januar 2012

95 *Zahl der älteren Beschäftigten steigt deutlich.* In: FAZ,
6. Januar 2012

96 ebd.

97 Zitiert nach Trampusch, Christine: *Strukturwandel aus Sozialkassen.* In: Mitbestimmung 3/2003

98 ebd.

99 ebd.

100 Deckstein, Dagmar: *Alte raus, Junge rein – das war einmal.* Süddeutsche Zeitung vom 2. August 2011. Zitiert in: http://igmetall-mtu.de/wordpress/?p=1813 (Zugriff: 18. März 2012)

101 Telefonat am 16. März 2012

102 Für alle beschriebenen Beispiele siehe www.berufsfindung. de, wo viele weitere Fälle von erfolgreichen Berufswechseln zu finden sind (Zugriff: 20. März 2012)

103 Siehe http://karriereblog.svenja-hofert.de/
(Zugriff: 20. März 2012)

104 Telefonat am 9. Februar 2012, siehe auch http://www. outplacement50plus.com/ (Zugriff: 13. März 2012)

105 Details unter http://www.trainingsplan-ausdauer.ch/
(Zugriff: 13. März 2012)

106 http://www.praxiseroeffnung.com/ (Zugriff: 12. März 2012)

107 Bös, Nadine: *Wann sich das Lernen lohnt.* In: FAZ, 12. April 2011. Online unter http://www.faz.net/aktuell/beruf-chance/ recht-und-gehalt/weiterbildungsrendite-wann-sich-das-lernen-lohnt-1624348.html (Zugriff: 9. März 2012)

108 Siehe oben, zitiert bei Bös: *Wann sich das Lernen lohnt*

109 http://www.perspektive-wiedereinstieg.de/
(Zugriff: 13. März 2012)

110 Telefonat am 3. Februar 2012

111 Interview mit der Rheinischen Post, http://www.rp-online. de/politik/deutschland/mehr-studienabschluesse-fuer-50-jaehrige-1.2697828 (Zugriff: 3. Februar 2012)

112 http://www.destatis.de/jetspeed/portal/cms/Sites/destatis/
Internet/DE/Content/Publikationen/Fachveroeffentlichungen/
BildungForschungKultur/Hochschulen/Pruefungen
Hochschulen2110420107004,property=file.pdf, S. 172 ff.
(Zugriff: 9. März 2012)

113 Auch die Universitäten selbst haben ein negatives Altersbild.
In Nordrhein-Westfalen beispielsweise besteht immer noch
eine Altersbegrenzung auf 45 Jahre für die Bewerbung um
eine Professur bzw. für die Verbeamtung; siehe http://www.
academics.de/wissenschaft/welche_altersgrenze_besteht_
fuer_die_berufung_zum_professor_fh_uni_in_nrw_36245.
html (Zugriff: 20. März 2012)

114 http://www.destatis.de/jetspeed/portal/cms/Sites/destatis/
Internet/DE/Presse/pm/2011/09/PD11__352__213,templateId=
renderPrint.psml (Zugriff: 9. März 2012)

115 Statistisches Bundesamt, Bildung und Kultur, Berufliche Bildung. Fachserie 11, Reihe 3, Artikelnummer:
2110300107004, S. 79

116 Detaillierte Schilderung im Folgekapitel

117 Telefonat am 7. Februar 2012

118 Artikel von Ronny Gerd Bürckholdt: http://www.badische-
zeitung.de/wirtschaft-regional/oma-schult-bei-baeckerei-
kundu-aus-neuenburg-um--40367520.html
(Zugriff: 8. Februar 2012)

119 ebd.

120 http://www.ftd.de/karriere-management/management/:
lehrlingsmangel-der-wirtschaft-fehlen-75-000-azubis/
60162778.html; Bericht vom 1. Februar 2012
(Zugriff: 9. März 2012)

121 ebd.

122 Gespräch mit Rainer Thiehoff, Juli 2011. Siehe auch:
www.demographie-netzwerk.de (Zugriff: 21. März 2012)

123 MEA policy brief no. 4, 03/2008

124 Stand Sommer 2011, http://www.ey.com/Publication/
vwLUAssets/Mittelstandsbarometer_2011_-_
Sommerumfrage/$FILE/Mittelstandsbarometer-
Deutschland%2009-2011.pdf (Zugriff: 21. März 2012)

125 http://www.dihk.de/themenfelder/wirtschaftspolitik/
konjunktur-und-wachstum/umfragen-und-prognosen/

konjunkturumfrage-jahresbeginn-2011/ergebnisse-jahresbeginn-2012 (Zugriff: 21. März 2012)

126 http://m.faz.net/aktuell/wirtschaft/unternehmen/bmw-personalvorstand-krueger-mehr-frauen-in-die-oberen-fuehrungsetagen-1572120.html (Zugriff: 21. März 2012)

127 Telefonat am 7. Februar 2012

128 Gespräch im August 2011

129 Telefonat mit Petra Meißner im März 2011

130 Telefonat im Frühjahr 2011

131 Alle Zitate basierend auf einem Telefonat im Frühjahr 2011

132 Alle Zitate folgen einem Telefonat im Frühjahr 2011

133 Preuß, Susanne: *Freitags ist sie nie da*. In: FAZ vom 2. September 2011, S. 20

134 Nach einer Faustformel entsprechen Arbeitslosenquoten von unter vier Prozent einer Arbeitsmarktlage, in der Vollbeschäftigung herrscht. Denn es gibt immer einen gewissen Anteil an Menschen, die im Jobwechsel begriffen sind oder beispielsweise nur kurz arbeitslos gemeldet sind, weil sie ihre Ausbildung abgeschlossen haben und auf den Beginn ihrer neuen Tätigkeit warten.

135 http://agingandwork.bc.edu/blog/flexible-work-is-it-really-all-that-available/ (Zugriff: 11. März 2012)

136 Rademaker, Maike: *Schmuddelbranchen machen Schönheitskur*. FTD vom 7. Februar 2012, S. 8

137 Zitiert in FAZ, 11. Dezember 2010, http://m.faz.net/aktuell/wirtschaft/unternehmen/bmw-personalvorstand-krueger-mehr-frauen-in-die-oberen-fuehrungsetagen-1572120.html (Zugriff: 21. März 2012)

138 Gespräch mit Regine Erhard und Claudia Ollenhauer, April 2011

139 Gespräch mit Rolf Novy-Huy, Oktober 2011. Weitere Informationen: www.stiftung-trias.de (Zugriff: 21. März 2012)

140 Siehe ausführlicher: http://www.wohnprojekte-portal.de/ (Zugriff: 13. März 2012)

141 Alle Zitate basieren auf einem Gespräch mit Hannes Tüllmann und Petruschka Thomas im August 2011

142 Gespräch mit Alexander Grünenwald am 12. Juli 2010. Weitere Infos: www.i3-community.de und www.bedandroses.de (Zugriff: 13. März 2012)

143 *Die Generationen über 50 – Wohnsituation, Potenziale und Perspektive.* Empirica-Studie im Auftrag der Bundesgeschäftsstelle Landesbausparkassen im Deutschen Sparkassen- und Giroverband, 2006. Download: http://www.lbs.de/shh/presse/publikationen/lbs-research (Zugriff: 13. März 2012)

144 Gespräch im August 2011

145 Mehr Informationen: http://www.mobile-wohnberatung.de/ (Zugriff: 21. März 2012)

146 Telefonat im Juli 2011

147 Telefonat im Juli 2011. Weitere Infos: http://www.lohmann-architekten.com/ (Zugriff: 11. März 2012)

148 Siehe auch: http://www.flyingspaces.de/ (Zugriff: 11. März 2012)

149 Maak, Niklas: *Der Fluch des Eigenheims.* In: FAZ, 4. Januar 2012

150 Takagi entwarf ein aus Boxen direkt neben einem Parkplatz in Akita zusammengesetztes Haus sowie das Hiroshima-Haus des *Suppose Design Office*, eine aus Wohnkuben zusammengestapelte Wohnlandschaft.

151 Von Matsubara stammt das sogenannte *House of 33 Years*, die Debütarbeit der Architektin.

152 Hosaka entwarf das *Inside-Out-Haus*.

153 Gespräch mit Eckhard Feddersen, September 2011. Weitere Informationen: www.feddersen-architekten.de

154 Quelle: Immobilienverband Deutschland (IVD), zitiert in: Jung, Alexander: *Der gespaltene Markt.* In: Spiegel 7/2012 (auch online: http://www.spiegel.de/spiegel/print/d-83977231.html; Zugriff: 11. März 2012)

155 Die Seite http://www.wegweiser-kommune.de/ (Zugriff: 21. März 2012) wird von der Bertelsmann Stiftung betrieben, die sich seit 2003 sehr intensiv mit dem Thema auseinandersetzt und dazu sehr gute Analysen vorgelegt hat. Zudem hat die Bertelsmann Stiftung eine Reihe von praktischen Handlungsvorschlägen für Kommunen unterschiedlicher Größe entwickelt, die Interessierten sehr zu empfehlen sind.

156 Beispielsweise vom Magazin *U.S. News & World Report, America's Best Places to retire* oder der *Annual Guide: 10 Bargain Retirement Spots.*

157 http://www.destatis.de/jetspeed/portal/cms/Sites/destatis/
Internet/DE/Presse/pm/2007/10/PD07__413__221.psml
(Zugriff: 11. März 2012)

158 http://www.destatis.de/jetspeed/portal/cms/Sites/destatis/
Internet/DE/Presse/pm/2011/10/PD11__393__221,templateId=
renderPrint.psml (Zugriff: 11. März 2012)

159 http://www.destatis.de/jetspeed/portal/cms/Sites/destatis/
Internet/DE/Presse/pm/2011/10/PD11__391__221,templateId=
renderPrint.psml (Zugriff: 11. März 2012)

160 http://www.bundestag.de/dokumente/textarchiv/2011/
36308203_kw43_de_kommunalfinanzen/index.html
(Zugriff: 11. März 2012)

161 Gespräch im Juli 2011

162 Angaben und Zitate basierend auf http://www.netzwerk-
laendlicher-raum.de/fileadmin/sites/ELER/Dateien/05_Service/
Publikationen/broschuere_demografie_web.pdf, S. 16–17
sowie der Webseite von Armin König www.arminkoenig.de
mit einem lesenswerten Blog, der offiziellen Diskussionssei-
te der Stadt www.illingen2030.de (alle Zugriff: 12. März 2012)
und einem persönlichen Gespräch im August 2011

163 Gespräch mit Jürgen Rödiger im Juli 2011. Mehr über die
Bürgergruppe Wanfried im Web: www.buergergruppe-
wanfried.de (Zugriff: 12. März 2012)

164 http://www.bundeskanzlerin.de/Content/DE/Mitschrift/
Pressekonferenzen/2011/05/2011-05-18-merkel-demografie.
html (Zugriff: 12. März 2012)

165 Sachverständigenrat zur Begutachtung der gesamtwirtschaft-
lichen Lage: *Herausforderungen des demografischen Wandels*,
Mai 2011, S. 187 ff. – http://www.sachverstaendigenrat-
wirtschaft.de/fileadmin/dateiablage/Expertisen/2011/
expertise_2011-demografischer-wandel.pdf
(Zugriff: 12. März 2012)

166 Die Tragfähigkeitslücke ergibt sich aus der Generationen-
bilanz. Die aktuelle Generation hinterlässt der kommenden
Generation Schulden im Staat. Berechnet man nun diese
Schulden, kommt man auf die Höhe der Tragfähigkeitslücke.
Folglich nennt man die Lücke zwischen den staatlichen
Ausgaben und den staatlichen Einnahmen beziehungsweise
dem zur Verfügung stehenden Vermögen Tragfähigkeits-

lücke. Quelle: http://www.finanz-lexikon.de/tragfaehigkeits-
luecke_2428.html (Zugriff: 21. März 2012)

167 Sosalla, Ulrike: *Her mit den Unterschichtkindern.* In FTD,
13. September 2010, S. 25

168 http://www.bmfsfj.de/doku/Publikationen/genderreport/
4-Familien-und-lebensformen-von-frauen-und-maennern/
4-1-Einleitung/4-1-2-zur-veraenderung-der-geburtenziffern-
in-deutschland.html (Zugriff: 12. März 2012)

169 http://www.hieronymi.de/PDF%20Dokumente/
Demografischer%20Wandel%20in%20Europa%28FUNRW%29.
pdf (Zugriff: 21. März 2012)

170 Berechnet nach ILO- sowie Destatis-Standard,
http://www.arbeitsagentur.de/nn_27030/zentraler-Content/
Pressemeldungen/2012/Presse-12-004.html
(Zugriff: 12. März 2012)

171 ebd., S. 16, Kasten 10

172 *Jeder Vierte stirbt an Krebs.* In: Spiegel Online, 3. Februar 2012,
http://www.spiegel.de/wissenschaft/medizin/0,1518,813165,00.
html (Zugriff: 12. März 2012)

173 Zitiert in: Kron, Thomas: *Der Greis bleibt heiß,* http://news.
doccheck.com/de/article/204296-der-greis-bleibt-heiss/
(Zugriff: 12. März 2012)

174 ebd.

175 Mihm, Andreas: *Die Deutschen werden älter und kränker.* In:
FAZ vom 23. November 2010, S. 11

176 ebd.

177 Berlin-Institut für Bevölkerung und Entwicklung (Hrsg.):
*Demenz-Report. Wie sich die Regionen in Deutschland, Österreich
und der Schweiz auf die Alterung der Gesellschaft vorbereiten
können.* Berlin, 2011, S. 20. Online unter: http://www.berlin-
institut.org/fileadmin/user_upload/Demenz/Demenz_online.
pdf (Zugriff: 12. März 2012)

178 http://www.welt.de/wirtschaft/article13858608/EU-will-
Rentenalter-an-Lebenserwartung-koppeln.html
(Zugriff: 12. März 2012)

179 Sachverständigenrat zur Begutachtung der gesamtwirtschaft-
lichen Lage: *Herausforderungen des demografischen Wandels,*
Mai 2011, S. 195, Kasten 12. Online: http://www.
sachverstaendigenrat-wirtschaft.de/fileadmin/dateiablage/

Expertisen/2011/expertise_2011-demografischer-wandel.pdf
(Zugriff: 12. März 2012)

180 Borstel, Stefan von & Siems, Dorothea: *Warum plötzlich viele alte Menschen arbeiten gehen.* Welt online, 12. Februar 2012: http://www.welt.de/wirtschaft/article13864476/Warum-ploetzlich-viele-alte-Menschen-arbeiten-gehen.html (Zugriff: 12. März 2012)

181 Marschall, Birgit: *Bundesregierung führt 2013 die Kombi-Rente ein.* In: Rheinische Post vom 15. Februar 2012, URL: http://www.rp-online.de/politik/deutschland/bundesregierung-fuehrt-2013-kombi-rente-ein-1.2713587 (Zugriff: 13. März 2012)

182 ebd.

183 Niejahr, Elisabeth: *Lasst uns länger arbeiten!* In: Die Zeit, 26. Mai 2011, URL: www.zeit.de/2011/22/Zwangsberentung (Zugriff: 29. März 2012)

184 ebd.

185 http://demographie-netzwerk.de/trendthemen/gesund-arbeiten-flexibel-in-rente/der-mythos-vom-abrupten-ende.html (Zugriff: 13. März 2012)

186 *Gewonnene Jahre.* Empfehlungen der Akademiegruppe »Altern in Deutschland«. Nova Acta Leopoldina, Band 9. Stuttgart: Wissenschaftliche Verlagsgesellschaft, 2009, S. 25 ff.

187 http://doku.iab.de/kurzber/2010/kb1110.pdf (Zugriff: 13. März 2012)

188 http://www.elbcampus.de/de/aktuelles/foerdermoeglichkeiten/wegebau/index.php (Zugriff: 13. März 2012)

189 Eine gute Zusammenfassung findet sich in: Nägele, Gerhard (Hrsg.): *Soziale Lebenslaufpolitik.* Springer VS / Springer Fachmedien: Wiesbaden, 2010, S. 333–351

190 ebd.

191 Kommentar vom 30. Januar 2012 auf der VdK-Webseite. http://vdk.de/cgi-bin/cms.cgi?ID=de26890&SID=0B2gLkjgiLAthuMM8VkMzFEjngLbNY (Zugriff: 13. März 2012)

Literatur

Agronin, Marc E.: *How We Age*. Jackson/Tennessee: Da Capo Press, 2011 (E-Book)

Bainbridge, David: *Middle Age: A Natural History*. London: Portobello Books, 2012 (E-Book)

Besser, Jutta: *Zusammen ist man nicht allein. Alternative Wohnprojekte für Jung und Alt*. Mannheim: Patmos Verlag, 2010

BMBF/VDE Innovationspartnerschaft AAL (Hrsg.): *AAL in der alternden Gesellschaft. Anforderungen, Akzeptanz und Perspektiven; Analyse und Planungshilfe*. Berlin, Offenbach: VDE Verlag, 2010

Bolte Taylor, Jill: *My Stroke of Insight. A Brain Scientist's Personal Journey*. London: Hodder & Stoughton, 2009 (E-Book)

Bovenschen, Silvia: *Älter werden. Notizen*. Frankfurt a. M.: Fischer Taschenbuch, 2008

Buettner, Dan: *The Blue Zone. Lessons For Living Longer From the People Who've Lived the Longest*. Washington D. C.: National Geographic Society, 2008 (E-Book)

Buettner, Dan: *Thrive – Finding Happiness The Blue Zones Way*. Washington D. C.: National Geographic Society, 2010 (E-Book)

Cappelli, Peter & Novelli, Bill: *Managing the Older Worker. How to Prepare for the New Organizational Order*. Boston/Massachusetts: Harvard Business School Publishing, 2010 (E-Book)

Carstensen, Laura L.: *A Long Bright Future. An Action Plan for a Lifetime of Happiness, Health, and Financial Security*. New York: The Crown Publishing Group, 2009 (E-Book)

Cohen, Gene D.: *The Mature Mind. The Positive Power of the Aging Brain*. New York: Basic Books, 2005

Deutsch, Dorette: *Lebensträume kennen kein Alter. Neue Ideen für das Zusammenwohnen in der Zukunft*. Frankfurt a. M.: Krüger, 2007

Dychtwald, Ken & Kadlec, Daniel J.: *A New Purpose. Redefining*

Money, Family, Work, Retirement, and Success. New York: Harper Collins, 2010 (E-Book)

Freedman, Marc: *The Big Shift. Navigating the New Stage Beyond Midlife.* Jackson/Tennessee: Public Affairs (Perseus Books Group), 2011 (E-Book)

»Freier denn je ... Die Freie Generation 2009«. Studie der Forschungsgruppe 50+ im Auftrag von KarstadtQuelle Versicherungen

Friedman, Howard S. & Martin, Leslie R.: *The Longevity Project. Surprising Discoveries for Health and Long Life from the Landmark Eight-Decade Study.* London: Hay House Publishing, 2011 (E-Book)

Fuchs, Dörte & Orth, Jutta: *Umzug in ein neues Leben. Alternative Wohnkonzepte für die zweite Lebenshälfte.* Heidelberg: mvg Verlag, 2005

Gassmann, Oliver & Reepmeyer, Gerrit: *Wachstumsmarkt Alter. Innovationen für die Zielgruppe 50+.* München, Wien: Carl Hanser Verlag, 2006

Gewonnene Jahre. Empfehlungen der Akademiegruppe »Altern in Deutschland«. Nova Acta Leopoldina, Neue Folge Band 107, Nummer 371. Stuttgart: Wissenschaftliche Verlagsgesellschaft, 2009

Gross, Peter & Fagetti, Karin: *Glücksfall Alter. Alte Menschen sind gefährlich, weil sie keine Angst vor der Zukunft haben.* Freiburg i. Br., Basel, Wien: Herder, 2008

Haimann, Richard: *Alt! Wie die wichtigste Konsumentengruppe der Zukunft die Wirtschaft verändert.* München: Redline Wirtschaft, 2005

Hermann, Ulrike & Wittneben, Martina: *Älter werden, Neues wagen. Zwölf Porträts.* Hamburg: edition Körber-Stiftung, 2008

Heye, Uwe-Karsten: *Gewonnene Jahre oder die revolutionäre Kraft der alternden Gesellschaft.* München: Blessing, 2008

Horx, Matthias: *Wie wir leben werden. Unsere Zukunft beginnt jetzt.* Frankfurt a. M.: Campus, 2005

Irle, Mathias: *Älter werden für Anfänger.* Reinbek: Rowohlt, 2009

Kleinschmidt, Carola: *Jung alt werden. Warum es sich mit 40 schon lohnt, an 80 zu denken.* Hamburg: Ellert & Richter Verlag, 2010

Krüger, Roland & Sittler, Loring: *Wir brauchen Euch! Wie sich die Generation 50+ engagieren und verwirklichen kann.* Hamburg: Murmann, 2011

Kruse, Andreas: *Was stimmt? Alter. Die wichtigsten Antworten.* Freiburg i. Br., Basel, Wien: Herder, 2007

Kuntze, Sven: *Altern wie ein Gentleman. Zwischen Müßiggang und Engagement.* München: C. Bertelsmann, 2011 (E-Book)

Langer, Ellen J.: *Counterclockwise. Mindful Health and the Power of Possibility.* New York: Ballantine Books, 2009

Madeja, Michael: *Das kleine Buch vom Gehirn. Reiseführer in ein unbekanntes Land.* München: C.H. Beck, 2010

Niejahr, Elisabeth: *Alt sind nur die anderen. So werden wir leben, lieben und arbeiten.* Frankfurt a. M.: S. Fischer, 2004

Otten, Dieter (Hrsg.): *Die 50+ Studie. Wie die jungen Alten die Gesellschaft revolutionieren.* Reinbek: Rowohlt, 2008

Pink, Daniel H.: *Drive. The Surprising Truth About What Motivates Us.* New York: Riverhead Books, 2009

Pöppel, Ernst & Wagner, Beatrice: *Je älter desto besser. Überraschende Erkenntnisse aus der Hirnforschung.* München: Gräfe und Unzer, 2010

Rohnstock, Karin (Hrsg.): *Der letzte Neubeginn. Senioren erzählen vom Umzug in ihr Altersdomizil.* Opladen: Verlag Barbara Budrich, 2010

Schenk, Herrad: *Der Altersangst-Komplex. Auf dem Weg zu einem neuen Selbstbewusstsein.* München: C.H. Beck, 2007

Scherf, Henning: *Grau ist bunt. Was im Alter möglich ist.* Freiburg i. Br.: Herder, 2009

Staudinger, Ursula & Häfner, Heinz (Hrsg.): *Was ist Alter(n)? Neue Antworten auf eine scheinbar einfache Frage.* Berlin, Heidelberg et al.: Springer, 2008

Stipp, David: *The Youth Pill. Scientists at the Brink of an Anti-Aging Revolution.* New York: Current (Penguin Group), 2010

Strauch, Barbara: *The Secret Life of the Grown-up Brain. Discover The Surprising Talents of the Middle-Aged Mind.* London: Penguin Books, 2011 (E-Book)

Tichy, Roland & Tichy, Andrea: *Die Pyramide steht Kopf. Die Wirtschaft in der Altersfalle und wie sie ihr entkommt.* München: Piper, 2001

Ubel, Peter: *You're Stronger Than You Think. Tapping into the Secrets of Emotionally Resilient People.* New York, Chicago et al.: McGraw-Hill, 2006 (E-Book)

Körber-STIFTUNG
Forum für Impulse

Wir wollen anstiften.

Mehr erfahren: www.koerber-stiftung.de
Mehr erleben: www.koerberforum.de
Mehr lesen: www.edition-koerber-stiftung.de